고운 빛깔
극채색 꽃 자수

GOKUSAISHIKI HANASHISHU ZUAN by Miriki
Copyright © Miriki Shiromura 2021
All rights reserved.
Original Japanese edition published by EDUCATIONAL FOUNDATION BUNKA GAKUEN BUNKA PUBLISHING BUREAU
This Korean edition is published by arrangement with
EDUCATIONAL FOUNDATION BUNKA GAKUEN BUNKA PUBLISHING BUREAU, Tokyo
in care of Tuttle-Mori Agency, Inc., Tokyo through Imprima Korea Agency, Seoul.

이 책의 한국어판 출판권은
Tuttle-Mori Agency, Inc., Tokyo와 Imprima Korea Agency를 통해
EDUCATIONAL FOUNDATION BUNKA GAKUEN BUNKA PUBLISHING BUREAU와의 독점계약으로 예문아카이브에 있습니다.

저작권법에 의해 한국 내에서 보호를 받는 저작물이므로 무단전재와 무단복제를 금합니다.

고운 빛깔 극채색 꽃 자수

미키리 지음 × 박재영 옮김

Contents

Page 8-9　안스리움
Page 10　구름 꽃
Page 11　부유
Page 12-13　열대
Page 14　성장
Page 15　작은 블랙홀
Page 16-17　물들지 않아
Page 16-17　작은 풀
Page 18-19　타투
Page 20-21　작은 꽃
Page 20-21　소나무
Page 20-21　공조팝나무
Page 22　상징
Page 23　꽃 선물
Page 24-25　잎새
Page 26　새싹
Page 27　장미

Page 28-29　쌍둥이
Page 30-31　혼자여도 괜찮아
Page 32　너에게 줄게
Page 33　꽃무릇
Page 34-35　신뢰 관계
Page 36　식사
Page 37　공존
Page 38　세 가지 보물
Page 39　나비
Page 40-41　끝판왕

Page 43-56　자수 재료와 기법
Page 57-95　작품 자수 도안

도안 그대로 열심히 따라 해도 좋습니다.
하지만 자신이 좋아하는 색, 크기, 스티치, 천으로 바꿔서
책에서 제시한 방법과 다르게 수놓아도 괜찮습니다.
반듯하게 자수하는 것에만 집중하기보다는
자유로운 발상으로 편안하게 자신만의 자수를 즐기길 바랍니다.
자신이 좋아하는 배색으로 자수실에 한 땀 한 땀 집중하다 보면
나만의 이야기가 담긴 작품을 완성시킬 수도 있고
커다란 성취감과 만족감을 얻을 수 있을 것입니다.

MIRIKI (美力)

A

B

C

수틀 12cm

구름 꽃
See Page 61

수틀 15cm

부유

See Page 62

열대
See Page 64-65

수틀 15cm

수틀 8cm

성장

See Page 63

꽃망울

꽃

수틀
8cm

작은 블랙홀

See Page 66

수틀 12cm
물들지 않아
See Page 67

수틀 8cm
작은 풀
See Page 68

17

타투
See Page 69-70

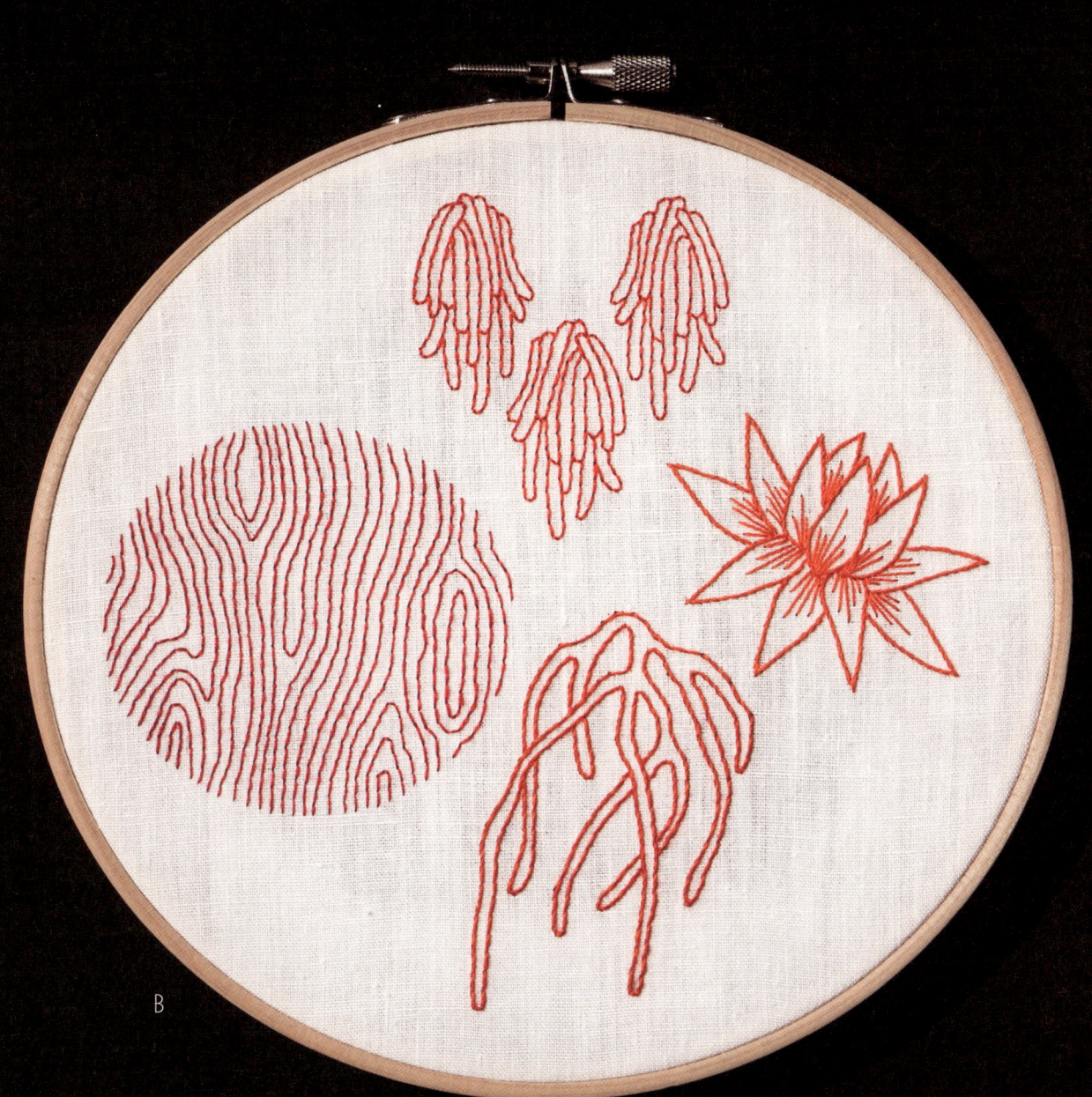

B

21

상징

See Page 74

수틀 12cm
꽃 선물
See Page 75

25

 새싹

See Page 78

장미
See Page 79

수틀 18cm
쌍둥이
See Page 80-81

A

수틀 15cm

혼자여도 괜찮아
See Page 82-83

18cm

너에게 줄게
See Page 84

수틀 15cm

꽃무릇

See Page 85

수틀 15cm

신뢰 관계
See Page 86-87

수틀 12cm

식사

See Page 88-89

 공존
See Page 90-91

수틀 15cm

세 가지 보물
See Page 92

수틀 8cm

나비
See Page 93

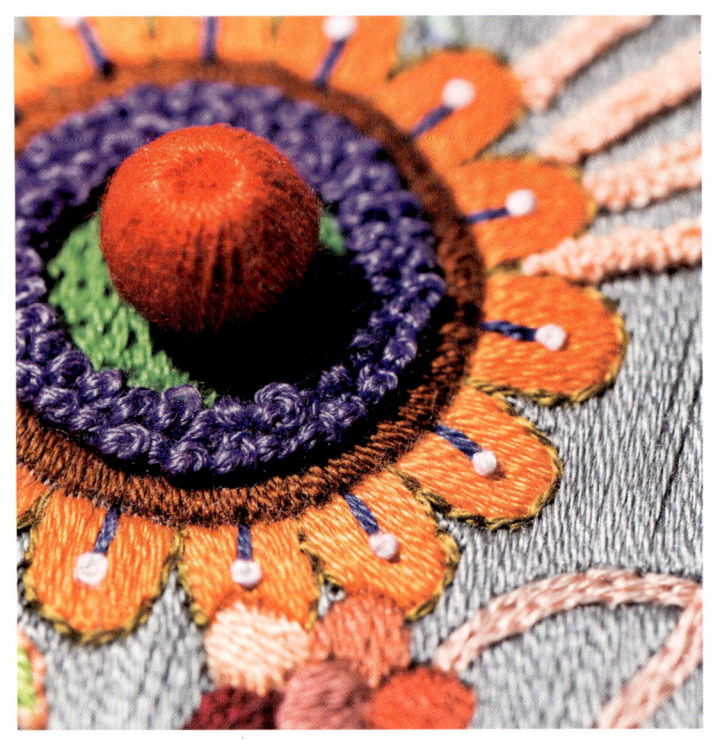

수틀 18cm
끝판왕
See Page 94-95

42

자수 재료와 기법

ⓐ 리넨
ⓑ 시어 나일론
ⓒ 태피스트리 울
ⓓ 5번사 코튼 펄
ⓔ 자수실 25번사
ⓕ 우드 비즈 20mm, 10mm, 8mm, 3mm, 펄 비즈 3mm
ⓖ 와이어(위에서부터 NO.24, 26, 28, 30)

* 각 작품에서 사용하는 자수실의 기준은 색상별로 1타래이며 P.40-41 '끝판왕'의 배경만 2타래를 사용한다.
* 와이어의 굵기는 숫자가 커질수록 가늘어진다.
* ⓐ는 CHECK&STRIPE, ⓒ~ⓔ는 DMC, ⓕ는 TOHO 비즈, ⓖ는 SS MIYUKI studio의 상품이다.

ⓗ 재단 가위
ⓘ 컷워크 가위
ⓙ 쪽가위
ⓚ 리본자수 스티치 바늘(굵은 타입)
ⓛ 프랑스 자수바늘 NO.3~9
ⓜ 펜치(오른쪽은 라운드, 왼쪽은 플랫)
ⓝ 니퍼
ⓞ 수예용 접착제(아래쪽 극세 노즐)
ⓟ 올풀림 방지액(펜 타입)
ⓠ 실 끼우개
ⓡ 수틀(안쪽부터 8cm, 10cm, 12cm, 15cm, 18cm)
ⓢ 마스킹테이프
ⓣ 젤 펜(왼쪽은 가는 펜, 오른쪽은 굵은 펜)

* ⓗ~ⓞ는 클로버, ⓠ는 DMC의 상품이다.

도안을 옮겨 그리는 방법

천의 경우
* 실물 크기 자수 도안은 복사하거나 트레이싱페이퍼 등에 옮겨 그립니다.
* 수를 다 놓은 후에 드라이기로 뜨거운 바람을 쐬어주면 그린 선을 지울 수 있습니다.

1
천을 수틀에 끼워서 실물 크기 자수 도안 위에 올려놓은 후 마스킹테이프로 수틀을 고정한다.

2
도안선을 젤 펜으로 덧그린다.

3
도안을 그리고 나면 천을 수틀에서 떼어내고 그린 면을 겉쪽으로 뒤집어 수틀에 다시 끼운다.

Technique 자수 기법

리넨을 다루는 방법

수놓기 전에 시접 여유를 넉넉하게 두고 재단한 천을 하룻밤 물에 담가 올을 정리해 그늘에서 말립니다. 천이 다 마르기 전에 다림질해서 올을 바로잡습니다.

시어 나일론의 경우
* 실물 크기 자수 도안은 복사하거나 트레이싱페이퍼 등에 옮겨 그립니다.
* 수를 다 놓은 후에 드라이기로 뜨거운 바람을 쐬어주면 그린 선을 지울 수 있습니다.

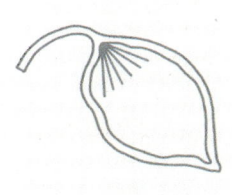

1
실물 크기 자수 도안을 준비한다.

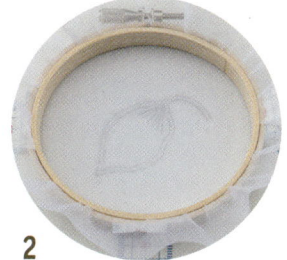

2
시어 나일론을 수틀에 끼워서 실물 크기 자수 도안 위에 올려놓은 후 마스킹테이프로 수틀을 고정한다.

3
도안선을 젤 펜으로 덧그린다.

4
도안을 그린 뒤 수틀을 겉쪽으로 뒤집은 모습이다.

자수실을 다루는 방법

1
25번사 실타래에서 실 끝을 꺼내 길이 60~70cm 정도로 자른다.

2
실 6가닥을 뭉쳐놓은 묶음에서 필요한 가닥수를 한 가닥씩 뽑아낸다.

3
뽑아낸 자수실을 하나로 겹친다.

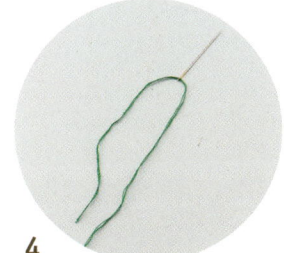

4
자수용 바늘에 꿴다.

실을 바꾸는 방법
새로운 자수실로 바꾸고 싶을 때는 천을 안쪽으로 뒤집어서 지금까지 수놓은 스티치에 시작과 끝부분의 실 끝을 처리합니다. 새로운 실로 바꿔서 시작 부분의 실 끝을 처리하고 수놓던 부분까지 바늘을 옮긴 후 수놓습니다.

스트레이트 스티치 straight stitch

1

1빼기, 2넣기로 바늘을 움직여서 한 땀으로 실을 걸친다.

아우트라인 스티치 outline stitch

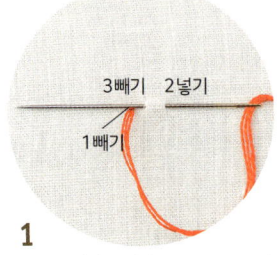

1

바늘을 빼서(1빼기) 오른쪽으로 한 땀을 이동해 바늘을 넣는다(2넣기). 반 땀을 되돌아온다(3빼기).

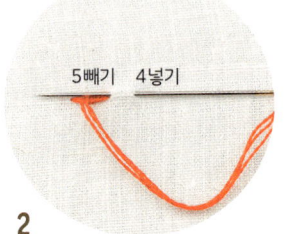

2

오른쪽으로 한 땀을 이동해 바늘을 넣고(4넣기), 2넣기와 똑같은 구멍으로 바늘을 뺀다(5빼기). 이 과정을 반복한다.

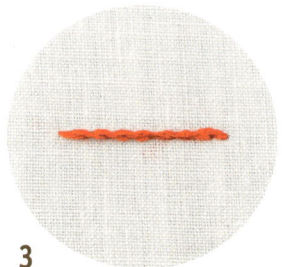

3

프렌치 노트 스티치 french knot stitch 2번 감기

1

먼저 바늘을 뺀 후에 실을 바늘 끝에 지정한 횟수(사진은 2번)만큼 감는다.

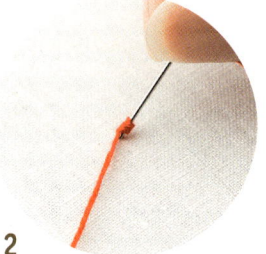

2

실을 뺀 부분 바로 옆에 바늘을 찔러 넣는다. 감은 실을 천에 바싹 붙이듯이 실을 당겨서 조인다.

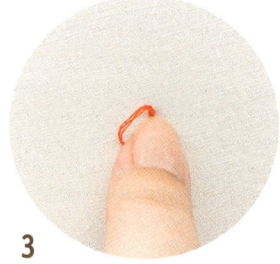

3

바늘을 천의 안쪽으로 뺀 뒤 감은 실이 느슨해지지 않게 손끝으로 눌러서 천 안쪽의 실을 천천히 잡아당긴다.

4

스트레이트 스티치 + 플라이 스티치 fly stitch

1

스트레이트 스티치를 한다. 스트레이트 스티치의 왼쪽 옆으로 바늘을 빼서(3빼기) 오른쪽에 바늘을 넣는다(4넣기).

2

스트레이트 스티치의 바로 밑에서 바늘을 뺀다(5빼기).

3

왼쪽에서 오른쪽으로 걸친 실을 누르듯이 스트레이트 스티치를 하고(6넣기) 왼쪽 위로 바늘을 뺀다(7빼기).

4

새틴 스티치 satin stitch

시어 나일론은 비쳐 보이므로 안쪽의 실이 겉쪽에서 보이지 않도록 신중하게 수놓으세요.

1 도안의 한쪽 끝에서부터 작은 바늘땀으로 수놓는다.

2 실을 일직선으로 나란히 걸쳐서 빈틈이 보이지 않게 면을 채운다.

3

백 스티치 back stitch

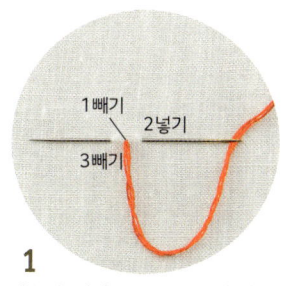  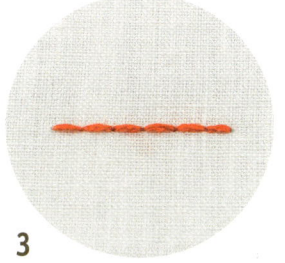

1 바늘을 빼서 오른쪽으로 한 땀을 이동해 바늘을 넣고(2 넣기) 1 빼기에서 한 땀만큼 앞으로 이동해 (3 빼기) 바늘을 뺀다.

2 바늘을 오른쪽으로 되돌려서 (4 넣기) 왼쪽으로 빼며 수놓는다(5 빼기). 이 과정을 반복한다.

3

백 스티치로 면 채우기

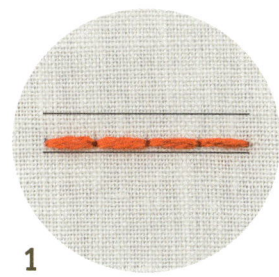 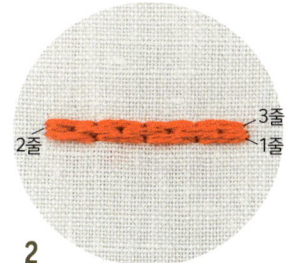

1 첫 번째 줄에 백 스티치를 한다.

2 면을 채우듯이 두 번째, 세 번째 줄을 수놓는다. 빈틈이 보이지 않게 일직선으로 나란히 수놓으면 좋다.

버튼홀 스티치 buttonhole stitch

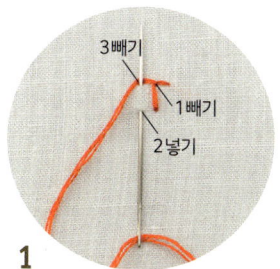 

1 바늘을 1 빼기, 2 넣기로 움직인 뒤 3 빼기에서 실을 바늘 끝에 걸어준다.

2 실을 바늘 끝에 거는 과정을 반복해가며 바늘땀을 일정한 간격으로 수놓는다. 마지막은 작은 바늘땀으로 고정한다.

버튼홀 스티치+버튼홀 스티치

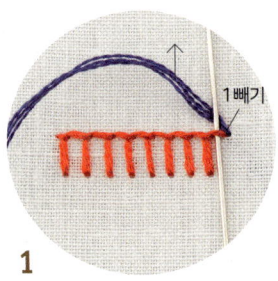

1 먼저 수놓은 버튼홀 스티치의 옆에서 다른 실을 뺀다(1빼기). 먼저 수놓은 스티치의 아래쪽으로 바늘을 통과시켜서 다른 실을 바늘 끝에 걸고 바늘을 위쪽으로 잡아당긴다. 이때 천은 뜨지 않는다.

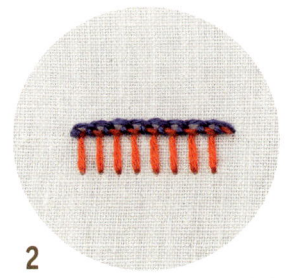

2 먼저 수놓은 버튼홀 스티치의 한 땀마다 다른 실을 꿴 바늘을 통과시켜서 버튼홀 스티치를 한다.

불리온 노트 스티치 bullion knot stitch 6번 감기

1 1빼기, 2넣기, 3빼기로 움직인다. 3빼기는 1빼기의 옆에서 바늘을 뺀다.

2 실을 바늘 끝에 지정한 횟수(사진은 6번)만큼 감는다.

3 6번 휘감은 실을 손끝으로 누르고 바늘을 위쪽으로 천천히 잡아당긴다.

4 휘감은 실을 2넣기 쪽으로 눕혀서 바늘을 2넣기와 똑같은 구멍에 넣는다.

5

체인 스티치 chain stitch

1 바늘을 빼서 똑같은 곳에 바늘을 다시 찔러 넣는다. 왼쪽 한 땀 앞에서 바늘을 뺀 뒤 바늘 끝에 실을 건다.

2 바늘을 똑같은 구멍에 다시 찔러 넣고 왼쪽 한 땀 앞에서 바늘을 뺀 뒤 바늘 끝에 실을 건다. 이 과정을 반복한다.

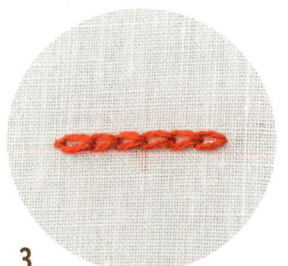

3 마지막은 작은 바늘땀으로 고정한다.

롱 앤드 쇼트 스티치 long and short stitch

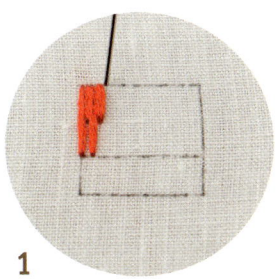

1
도안의 한쪽 끝에서 긴 바늘땀과 짧은 바늘땀의 스트레이트 스티치를 이용해 빈틈이 보이지 않게 면을 수놓는다.

2
먼저 수놓은 스트레이트 스티치의 사이를 채우듯이 짧은 바늘땀과 긴 바늘땀의 스트레이트 스티치를 한다.

3

레이즈드 리프 스티치 raised leaf stitch

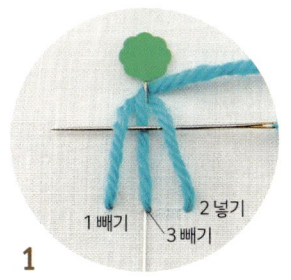

1
바늘을 빼서 실을 시침핀에 건 후 다시 바늘을 넣는다. 바늘을 한가운데로 빼서(3빼기) 실을 시침핀에 건다. 실을 오른쪽에서 왼쪽으로 번갈아 가며 뜬다.

2
실을 왼쪽에서 오른쪽으로 번갈아 가며 뜬다.

3
실을 천의 가장자리까지 번갈아 가며 뜬 뒤 시침핀 옆에서 천의 안쪽으로 바늘을 뺀다. 시침핀도 빼낸다.

시어 나일론은 비쳐 보이므로 안쪽의 실이 겉쪽에서 보이지 않도록 신중하게 수놓으세요.

스레디드 헤링본 스티치 threaded herringbone stitch

1
바늘을 1빼기~5빼기로 움직이는 과정을 반복한다.

2
헤링본 스티치를 완성한다.

3
헤링본 스티치의 안쪽에서 다른 실을 꿴 바늘을 빼서 헤링본 스티치에 휘감는다. 천은 뜨지 않는다.

4

스레디드 백 스티치 threaded back stitch

1
백 스티치를 한다. 백 스티치 한 땀마다 다른 실을 왼쪽 방향으로 통과시킨다. 천은 뜨지 않는다.

2
끝부분까지 가면 다른 실을 오른쪽 방향으로 통과시킨다. 천은 뜨지 않는다.

3

백스티치드 체인 스티치 back stitched chain stitch

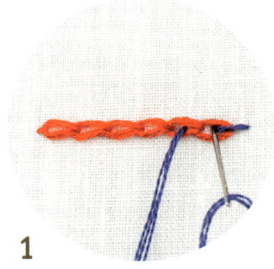

1
체인 스티치를 한다. 체인 스티치 한 땀의 안쪽에서 다른 실을 빼서 백 스티치를 한다.

2

휘프트 백스티치 whipped back stitch

1
백 스티치를 한다. 다른 실을 백 스티치의 한 땀마다 휘감는다. 천은 뜨지 않는다.

실을 와이어에 휘감는다

감침질을 시작하기 전에

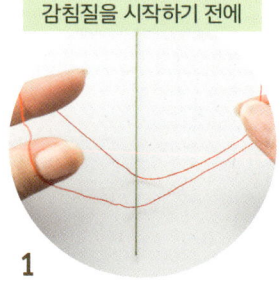

1
필요한 길이로 자른 실을 가운데에서 반으로 접는다. 그 위에 와이어를 올려놓는다.

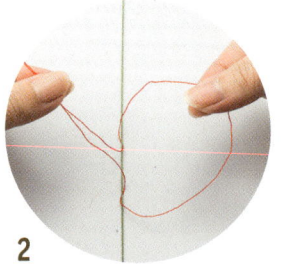

2
반으로 접어 생긴 실 고리에 실 끝을 꿰어 교차시킨다.

3
와이어의 끝에서 0.3cm 정도 떨어진 부분까지 실을 이동시킨다.

감침질

4
와이어를 도안선 위에 올려놓는다. 바늘을 실에 꿰서 천의 안쪽으로 바늘을 뺀다.

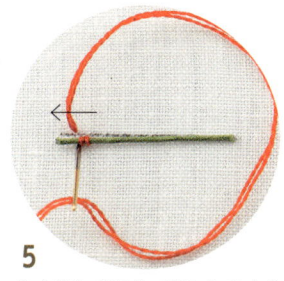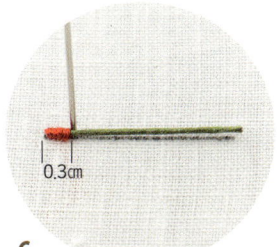

5 와이어의 왼쪽을 빈틈이 보이지 않게 실을 위에서 아래로 휘감듯이 바늘을 찔러 넣는다.

6 왼쪽 가장자리를 다 감은 후 처음 0.3cm의 안쪽에서 바늘을 뺀다.

* 감침질하며 실이 끊어지지 않게 주의한다.

7 와이어의 오른쪽을 빈틈이 보이지 않게 가장자리까지 실을 휘감는다.

8

자수 시작 부분과 끝부분의 실끝 처리

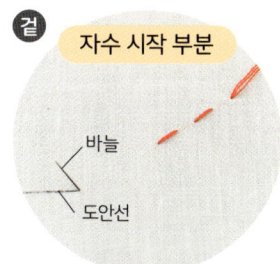

겉 자수 시작 부분

안쪽 자수 끝부분

안쪽 면 자수의 끝부분

도안으로부터 조금 떨어진 위치에서 바늘을 찔러 넣고 도안까지 바늘을 이동시킨다.

수놓은 바늘땀에 바늘을 여러 번 통과시킨다. 시작 부분의 실 끝도 같은 방법으로 처리한다.

천은 뜨지 않고 바늘 끝으로 스티치 부분에만 바늘을 여러 번 통과시킨다.

시어 나일론의 경우 실을 바늘에 꿰서 한쪽 끝에 매듭을 지어 수놓습니다. 끝부분은 스티치의 안쪽에 바늘을 여러 번 통과시킵니다. P.28 '쌍둥이 A'만 매듭으로 고정해 처리합니다.

 ## 작품 기법

와이어를 자르는 방법

와이어를 고정하기 전에

1 와이어는 니퍼를 사용해서 필요한 길이로 자른다.

양 끝을 비스듬히 잘라야 한다.

와이어를 고정하는 방법 1

 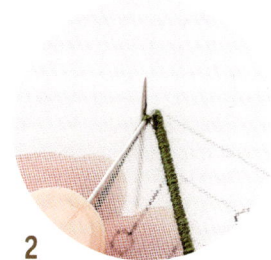 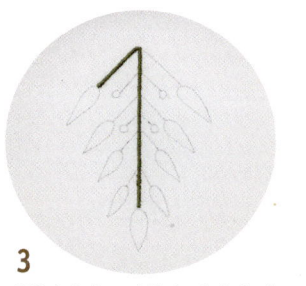

1 가장 먼저 중심에 있는 가지 부분의 철사를 감침질해서 고정한다.

2 가지의 이음매에 빈틈이 보이지 않게 다음 철사를 올려놓는다.

3 감침질해서 고정한다. 나머지 가지도 같은 방법으로 고정한다.

와이어를 고정하는 방법 2

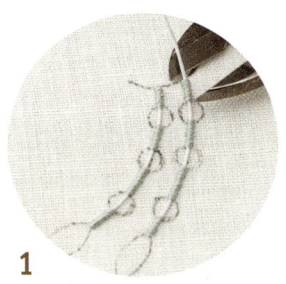

1 도안선 위의 와이어를 감침질해서 고정한다. 원 부분은 와이어를 올려놓기만 한다.

와이어를 고정하는 방법 3

 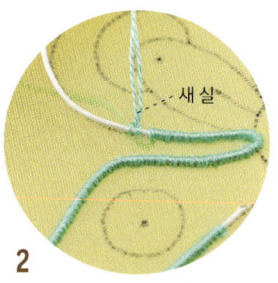 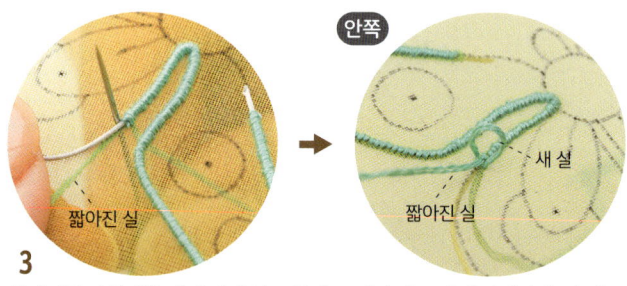

1 와이어를 나비의 윤곽에 맞춰가며 펜치나 손끝으로 구부려 감침질해서 고정한다.

2 사용하던 실이 짧아지면 새 실을 와이어에 휘감는다.

3 와이어를 감침질할 때 짧아진 실도 함께 5~6회 정도 같이 진행한다. 천 안쪽에서는 짧아진 실을 손끝으로 눌러주면 좋다.

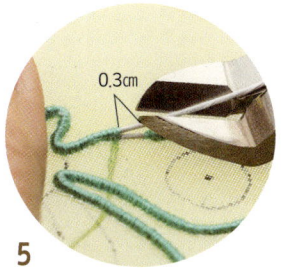

4
짧아진 실을 여러 번 감침질한 후 여분을 가위로 자른다.

5
와이어를 감침질하고 난 후 0.3cm 만큼 여분을 남기고 니퍼로 자른다.

6
0.3cm만큼 겹친 와이어도 함께 감침질한다.

7
수틀을 안쪽으로 뒤집어서 감침질한 바늘땀에 바늘을 여러 번 통과시킨다.

* 천의 여분을 잘라낼 때 잘못해서 실을 자른 경우 그 부분에도 수예용 접착제를 바르면 좋다.

8
남은 실은 가위로 자른다.

9
자수를 한 뒤 시어 나일론을 수틀에서 떼어내고 와이어의 윤곽을 따라 여분을 약간 남기면서 가위로 자른다.

10
나비를 안쪽으로 뒤집어서 감침질이 끝난 부분에 실이 풀리지 않도록 수예용 접착제를 바른다.

11
나비를 완성한다.

12
나비를 토대에 올려놓고 몸통 안쪽에 스티치를 통해 고정한다.

13

14
몸통을 손끝으로 누르고 날개를 가볍게 밀어 올려 나비를 입체적으로 만든다.

15

입체적인 작은 꽃을 고정하는 방법

* 천의 여분을 잘라낼 때 잘못해서 실을 자른 경우 그 부분에도 수예용 접착제를 바르면 좋다.
* 실제로 만들 때 고정용 실은 작은 꽃이나 펄 비즈에 가까운 색을 선택해야 한다.

1
수틀을 안쪽으로 뒤집어서 감침질이 끝난 부분에 실이 풀리지 않도록 수예용 접착제를 바른다.

2
시어 나일론을 수틀에서 떼어내고 와이어의 윤곽을 따라 여분을 남기면서 가위로 자른다. 그런 다음 손끝으로 꽃잎을 부드럽게 구부려서 입체적으로 만든다.

3
실을 바늘에 꿰서 한쪽 끝에 매듭을 짓는다. 지정한 위치의 천 안쪽에서 바늘을 겉쪽으로 뺀 뒤 작은 꽃, 펄 비즈 순서로 통과시킨다.

4
펄 비즈의 아랫부분에서 천 안쪽으로 바늘을 뺀다.

5
바늘을 다시 한번 겉쪽으로 빼서 작은 꽃, 펄 비즈 순서로 통과시킨다.

6
펄 비즈의 아랫부분에서 천 안쪽으로 바늘을 뺀 뒤 매듭을 짓고 남은 실은 가위로 자른다.

우드 비즈에 실을 감는 방법

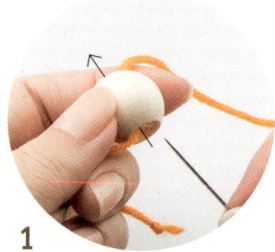
1
실을 바늘에 꿰서 한쪽 끝에 매듭을 짓는다. 매듭 쪽의 실 끝을 손가락 사이에 끼우고 우드 비즈의 아래쪽 구멍에서 위쪽으로 바늘을 통과시킨다.

2
구멍 안에서 실을 한 번 교차시켜 준다.

교차

3
실을 구멍의 아래쪽에서 위쪽으로 통과시키는 과정을 반복한다.

4
실로 빈틈이 보이지 않게 감는다.

5 실을 다 감은 쪽

실을 다 감은 쪽과 반대되는 위치에 바늘을 찔러 넣는다.

6

바늘을 아래쪽 구멍으로 뺀다.

7

우드 비즈의 가장자리에서 매듭 지은 실을 가위로 자른다.

8

바늘을 토대의 지정한 위치에 찔러 넣어서 우드 비즈를 고정한다.

* 바늘을 당겨서 뺄 때 펜치를 사용해도 좋다.

9

우드 비즈의 아랫부분으로 바늘을 뺀 뒤 비즈의 앞쪽에서 위쪽 구멍을 지나 천의 안쪽으로 바늘을 뺀다.

10

다시 한번 우드 비즈의 아랫부분으로 바늘을 뺀 뒤 비즈의 뒤쪽에서 위쪽 구멍을 지나 천 안쪽으로 바늘을 뺀다.

안쪽

11

수틀을 안쪽으로 뒤집어 천의 가장자리에서 실을 두 번 묶고 여분을 가위로 자른다.

추가 기법

수틀에서 천이 분리되지 않게 하는 방법

시어 나일론의 경우

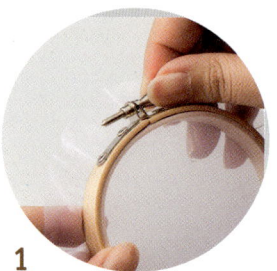

1 수놓은 후 수틀의 나사를 꽉 조인다.

2 시어 나일론을 팽팽하게 당겨서 편다.

3 수틀의 가장자리에서 시어 나일론의 여분을 약간 남기면서 가위로 자른다.

4 자른 부분과 수틀에 수예용 접착제를 발라서 확실하게 건조한다.

5

천의 경우

1 수놓은 후 작품의 천 가장자리에 올풀림 방지액을 바른다.

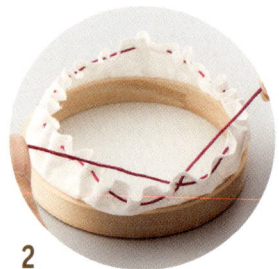

2 둘레를 홈질한다. 실을 교차시켜 당긴 후 천 가장자리가 수틀의 안쪽으로 들어오게 바짝 조인다.

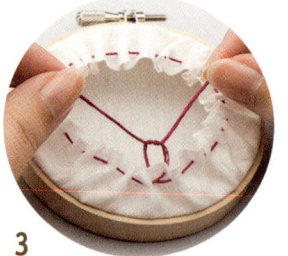

3 실을 두 번 묶고 여분을 가위로 자른다.

4

작품 자수 도안

See Page
8-9 | 안스리움 A

수틀
10cm

- 실물 크기 자수 도안은 실제 치수를 사용했습니다.
- 실물 크기 자수 도안의 원은 수틀의 크기입니다. 도안을 옮겨 그릴 때 원을 베낄 필요는 없습니다.
- 〈 〉 안의 숫자는 실의 색상 번호입니다.
- 하나로 겹쳐서 사용하는 실의 가닥수는 2가닥입니다.
- S는 스티치의 약자입니다.

재료
▷ 25번사 자수실 … DMC
  13, 20, 3770, 3779, 356, 760, 3608, 21, 3836
▷ 천
  시어 나일론(화이트)

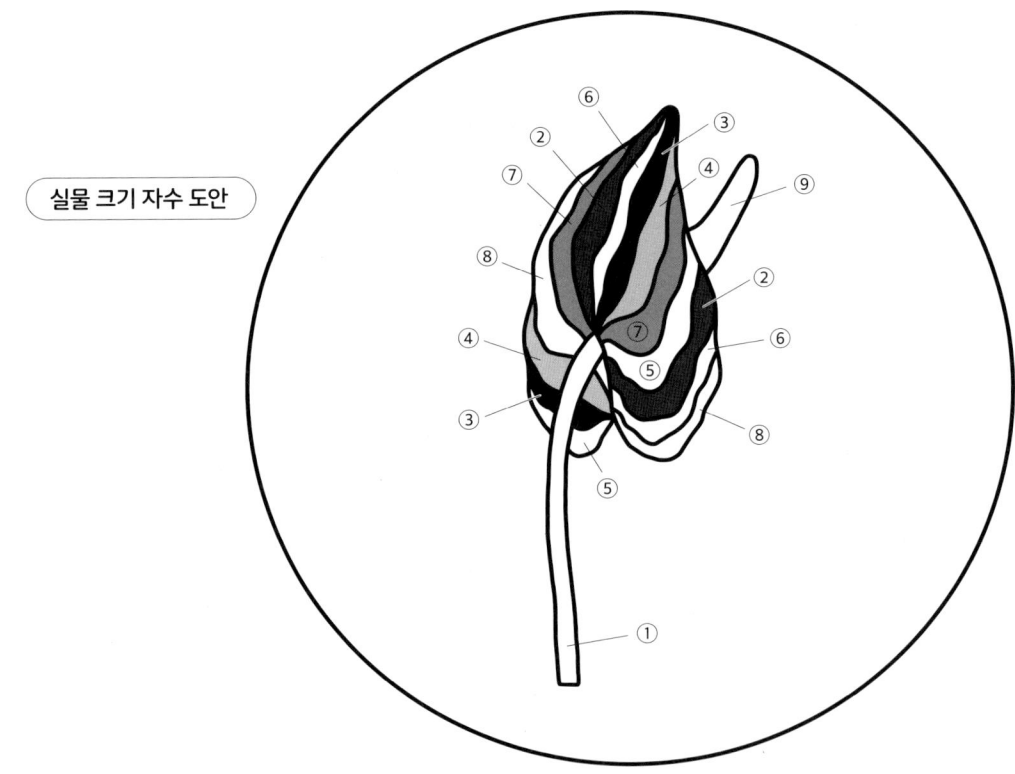

실물 크기 자수 도안

① 새틴 S 〈13〉
② 새틴 S 〈20〉… ●
③ 새틴 S 〈3779〉… ●
④ 새틴 S 〈356〉… ●
⑤ 새틴 S 〈760〉
⑥ 새틴 S 〈3608〉
⑦ 새틴 S 〈21〉… ●
⑧ 새틴 S 〈3836〉
⑨ 백 S 〈3770〉

See Page
8-9 　안스리움 B

- 실물 크기 자수 도안은 실제 치수를 사용했습니다.
- 실물 크기 자수 도안의 원은 수틀의 크기입니다. 도안을 옮겨 그릴 때 원을 베낄 필요는 없습니다.
- 〈 〉안의 숫자는 실의 색상 번호입니다.
- 하나로 겹쳐서 사용하는 실의 가닥수는 2가닥입니다.
- S는 스티치의 약자입니다.

재료
▷ 25번사 자수실 … DMC
　ECRU, 772, 704, 699, 437, 701, 718

▷ 천 … CHECK&STRIPE
　리넨 프리마베라 (오프화이트)

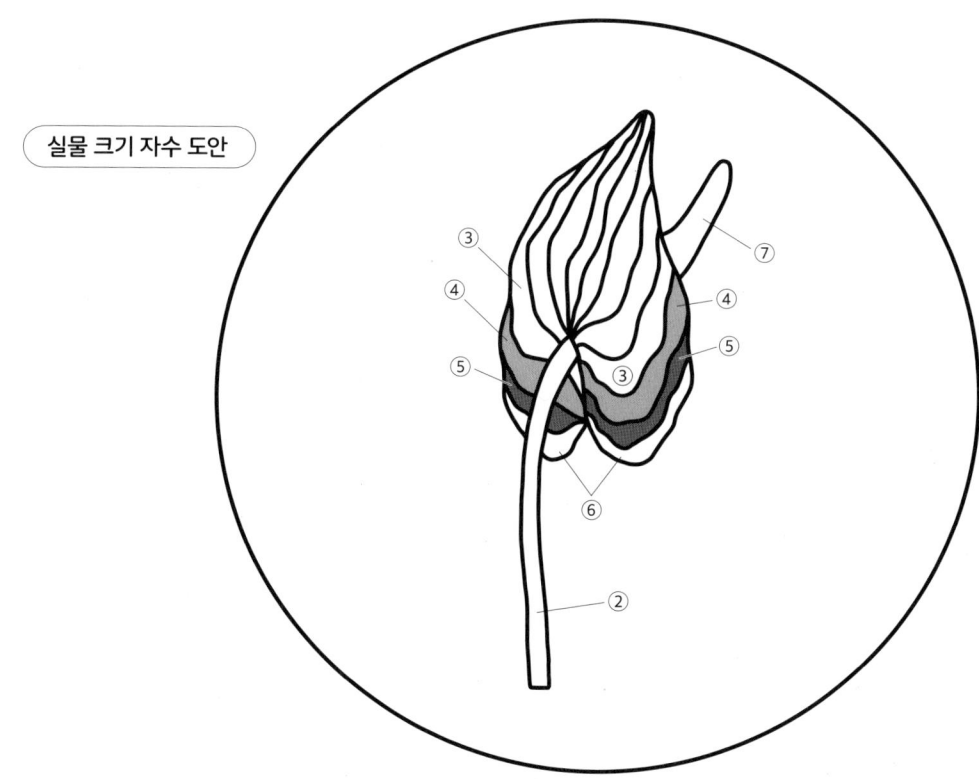

실물 크기 자수 도안

① 새틴 S 〈ECRU〉
② 새틴 S 〈437〉
③ 새틴 S 〈772〉
④ 새틴 S 〈704〉… ●
⑤ 새틴 S 〈701〉… ●
⑥ 새틴 S 〈699〉
⑦ 백 S 〈718〉
지정한 부분 이외에는 ①

See Page 8-9 | 안스리움 C

수틀 10cm

- 실물 크기 자수 도안은 실제 치수를 사용했습니다.
- 실물 크기 자수 도안의 원은 수틀의 크기입니다. 도안을 옮겨 그릴 때 원을 베낄 필요는 없습니다.
- 〈 〉 안의 숫자는 실의 색상 번호입니다.
- 하나로 겹쳐서 사용하는 실의 가닥수는 2가닥입니다.
- S는 스티치의 약자입니다.

재료

▷ 25번사 자수실 … DMC
321, 817, 701, 746, 728

▷ 천 … CHECK&STRIPE
리넨 프리마베라(오프화이트)

실물 크기 자수 도안

① 새틴 S 〈321〉 … ●
② 새틴 S 〈817〉
③ 새틴 S 〈701〉
④ 백 S 〈746〉
⑤ 백 S 〈728〉

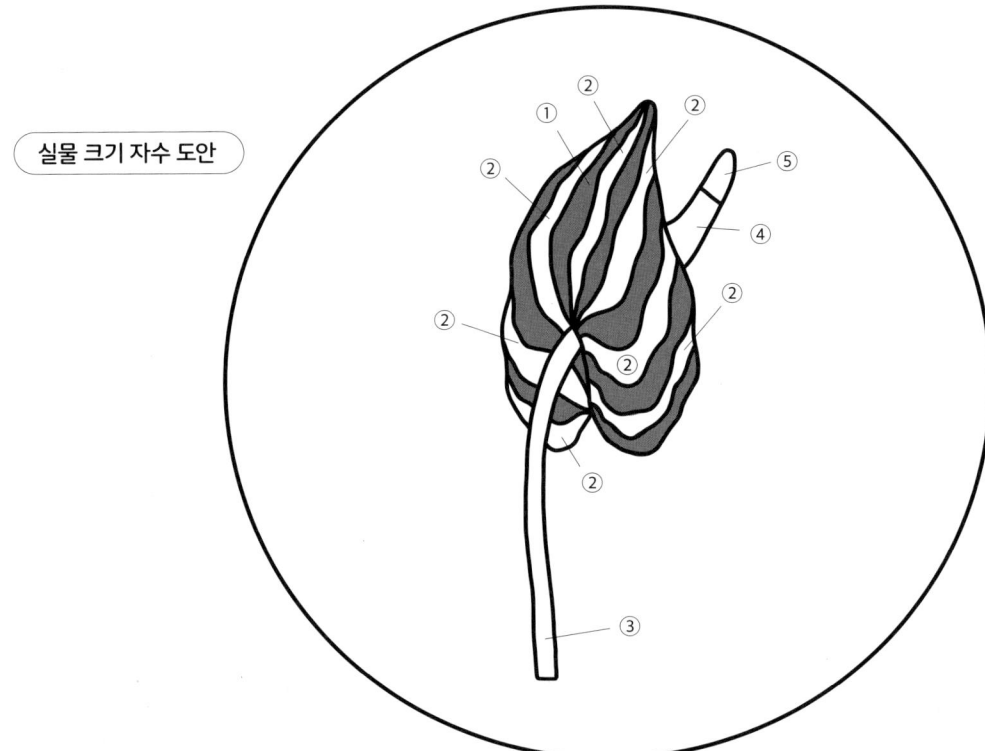

See Page
10 구름 꽃

수틀
12cm

- 실물 크기 자수 도안은 실제 치수를 사용했습니다.
- 실물 크기 자수 도안의 원은 수틀의 크기입니다. 도안을 옮겨 그릴 때 원을 베낄 필요는 없습니다.
- 〈 〉 안의 숫자는 실의 색상 번호입니다.
- 하나로 겹쳐서 사용하는 실의 가닥수는 2가닥입니다.
- S는 스티치의 약자입니다.

재료
▷ 25번사 자수실 … DMC
B5200, 796, 3845, 995, 312, 3746, 3807, 797, 3844
▷ 천
시어 나일론 (화이트)

실물 크기 자수 도안

① 아우트라인 S 〈B5200〉
② 새틴 S 〈796〉 … ●
③ 새틴 S 〈3845〉
④ 새틴 S 〈995〉 … ●
⑤ 새틴 S 〈312〉
⑥ 새틴 S 〈3746〉
⑦ 새틴 S 〈3807〉 … ●
⑧ 새틴 S 〈797〉
⑨ 새틴 S 〈3844〉

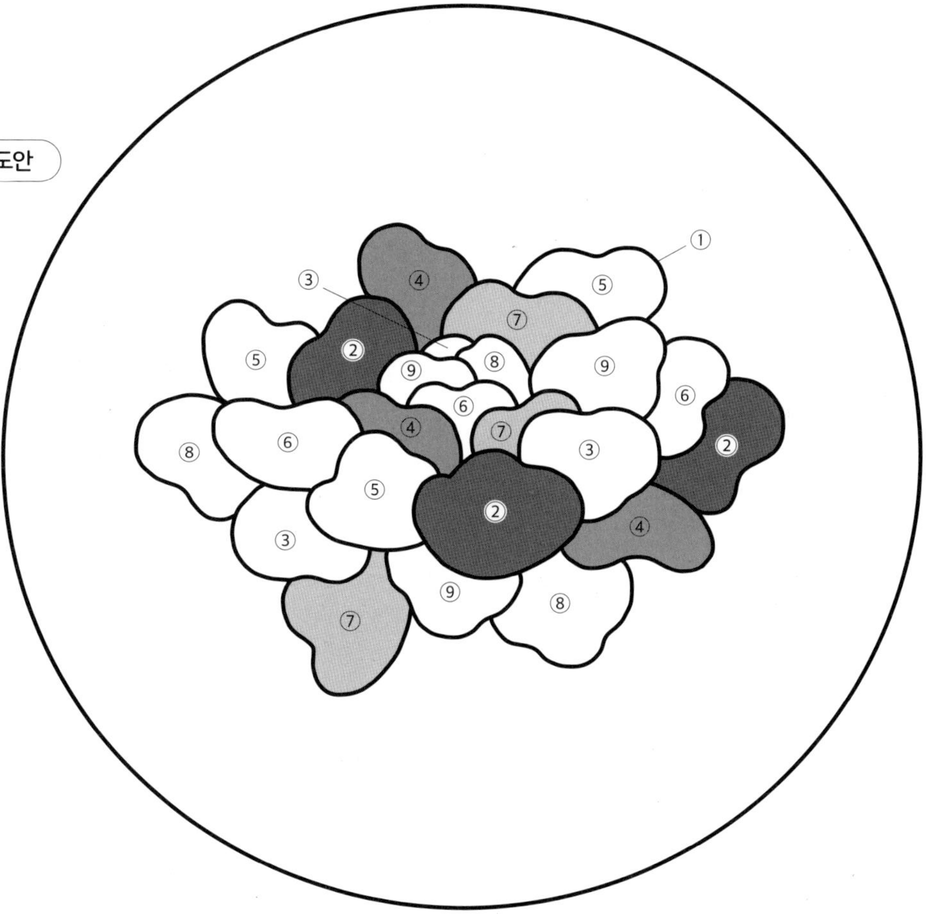

See Page 11 부유

수틀 15cm

- 실물 크기 자수 도안은 실제 치수를 사용했습니다.
- 실물 크기 자수 도안의 원은 수틀의 크기입니다. 도안을 옮겨 그릴 때 원을 베낄 필요는 없습니다.
- 〈 〉안의 숫자는 실의 색상 번호입니다.
- 하나로 겹쳐서 사용하는 실의 가닥수는 2가닥입니다.
- S 는 스티치의 약자입니다.

재료

▷ 25번사 자수실 … DMC
500, 356, 3770, 437, 208, 913, 666

▷ 천 … CHECK&STRIPE
리넨 프리마베라 (오프화이트)

실물 크기 자수 도안

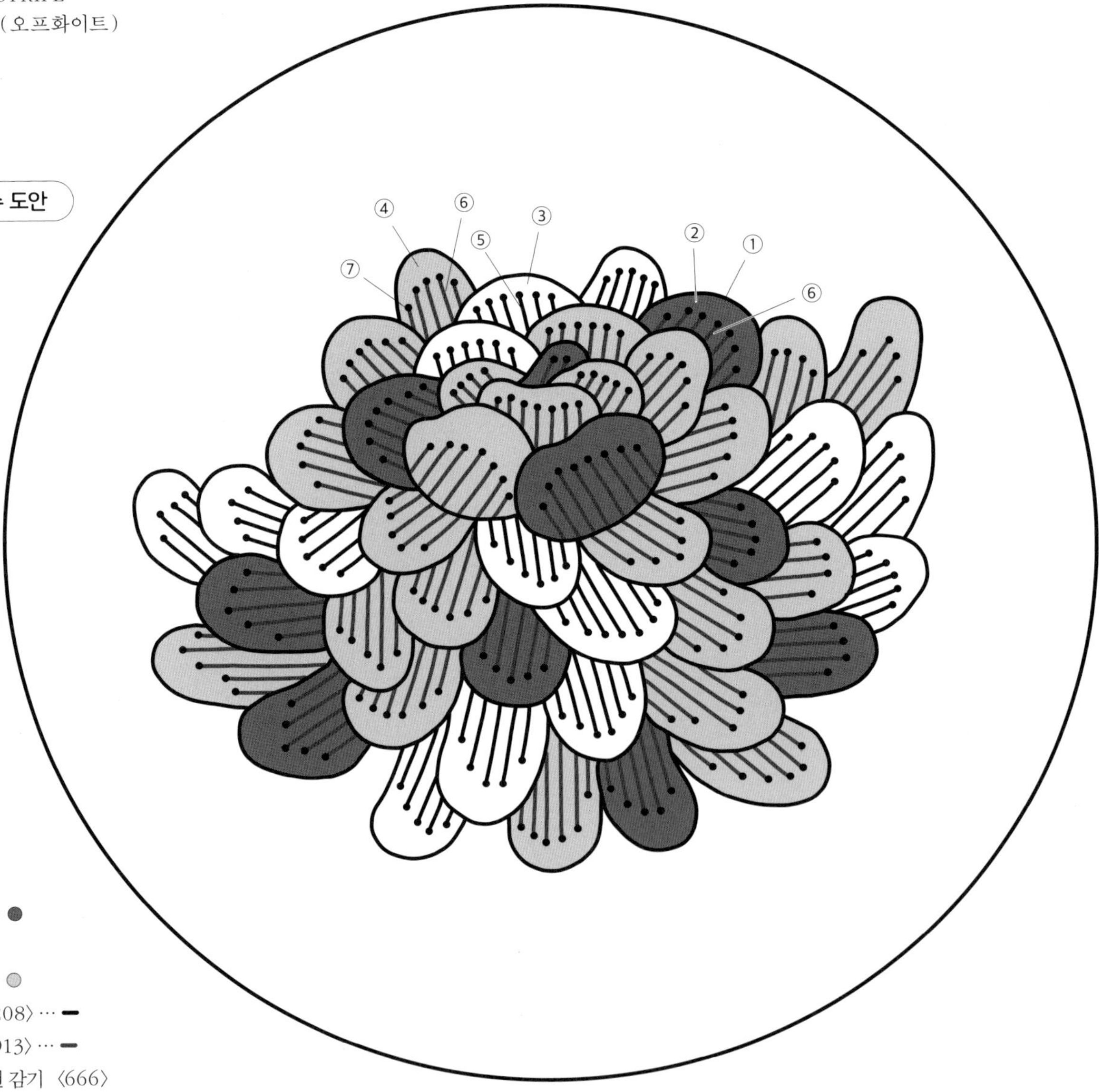

① 백 S 〈500〉
② 새틴 S 〈356〉… ●
③ 새틴 S 〈3770〉
④ 새틴 S 〈437〉… ●
⑤ 스트레이트 S 〈208〉… ━
⑥ 스트레이트 S 〈913〉… ━
⑦ 프렌치노트 S 2번 감기 〈666〉

See Page
14 성장

수틀
8cm

- 실물 크기 자수 도안은 실제 치수를 사용했습니다.
- 실물 크기 자수 도안의 원은 수틀의 크기입니다. 도안을 옮겨 그릴 때 원을 베낄 필요는 없습니다.
- 〈 〉안의 숫자는 실의 색상 번호입니다.
- 하나로 겹쳐서 사용하는 실의 가닥수는 1가닥입니다.
- S는 스티치의 약자입니다.

재료
▷ 태피스트리 울 … DMC
  7344, 7037, 7740
▷ 천 … CHECK&STRIPE
  리넨 프리마베라 (오프화이트)
▷ 비즈 … TOHO
  우드 비즈(R20-6 내추럴) 1개 … 꽃망울

(실물 크기 자수 도안)

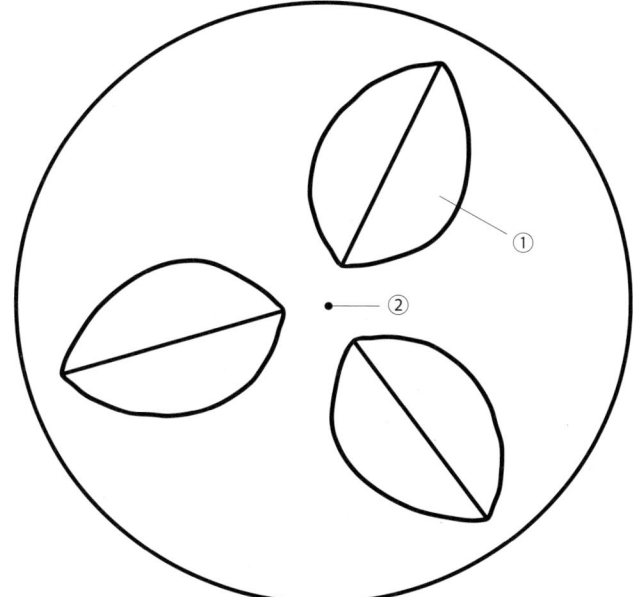

① 스트레이트 S+플라이 S 〈7344〉
② 우드 비즈 감기용 〈7037〉

* ②의 우드 비즈에 실을 감는 방법은 P.54 참조.
  도안 속의 (•)은 꽃망울을 다는 위치.

(실물 크기 자수 도안)

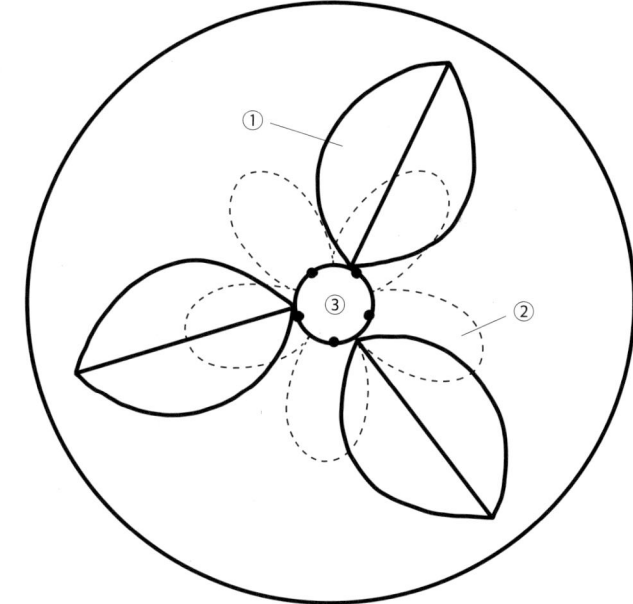

① 스트레이트 S+플라이 S 〈7344〉
② 레이즈드 리프 S 〈7037〉
③ 프렌치노트 S 2번 감기 〈7740〉

* 도안 속의 (•)은 레이즈드 리프 S의 시침핀을 꽂는 위치.

See Page 12-13 | 열대

수틀 15cm

- 실물 크기 자수 도안은 실제 치수를 사용했습니다.
- 실물 크기 자수 도안의 원은 수틀의 크기입니다. 도안을 옮겨 그릴 때 원을 베낄 필요는 없습니다.
- 〈 〉 안의 숫자는 실의 색상 번호입니다.
- ● 안의 숫자는 하나로 겹쳐서 사용하는 실의 가닥수입니다. 지정한 부분 외에는 2가닥으로 수놓습니다.
- S는 스티치의 약자입니다.

재료

▷ 25번사 자수실 ⋯ DMC
704, 728, 746, 797, 666, 740, 777, 913, 321, 16, 702, 905, 3608, 3805, 606, 12, 819, 718, 3607, 921, B5200, 3838, 3746, 155, 907, 906, ECRU, 718, 605, 772, 3706, 3345, 733, 973, 701, 349, 966

▷ 태피스트리 울 ⋯ DMC
7344

▷ 천
시어 나일론(화이트)

① 백 S 〈704〉
② 새틴 S 〈704〉
③ 새틴 S 〈728〉 ⋯ ●
④ 새틴 S 〈746〉
⑤ 새틴 S 〈797〉
⑥ 새틴 S 〈666〉
⑦ 새틴 S 〈740〉
⑧ 백 S 〈777〉
⑨ 스트레이트 S 〈913〉
⑩ 새틴 S 〈321〉
⑪ 아우트라인 S 〈16〉
⑫ 스트레이트 S 〈16〉
⑬ 새틴 S 〈702〉
⑭ 백 S 〈905〉
⑮ 프렌치노트 S 2번 감기 〈3608〉
⑯ 프렌치노트 S 2번 감기 〈3805〉
⑰ 새틴 S 〈606〉
⑱ 스트레이트 S ❶ 〈태피스트리 7344〉 ⋯ ●
⑲ 프렌치노트 S 2번 감기 ❻ 〈12〉
⑳ 롱 앤드 쇼트 S 〈819〉 ⋯ ●
㉑ 새틴 S 〈718〉
㉒ 롱 앤드 쇼트 S 〈3607〉
㉓ 새틴 S 〈777〉 ⋯ ●
㉔ 백 S 〈921〉
㉕ 백 S 〈B5200〉
㉖ 백 S 〈3838〉
㉗ 새틴 S 〈3746〉
㉘ 새틴 S 〈155〉
㉙ 새틴 S 〈907〉
㉚ 백 S 〈906〉
㉛ 새틴 S 〈ECRU〉
㉜ 백 S 〈ECRU〉
㉝ 새틴 S 〈718〉
㉞ 스트레이트 S 〈605〉
㉟ 프렌치노트 S 2번 감기 〈772〉
㊱ 백 S 〈3706〉
㊲ 백 S 〈3608〉
㊳ 새틴 S 〈3345〉
㊴ 프렌치노트 S 2번 감기 ❻ 〈733〉
㊵ 새틴 S 〈973〉
㊶ 새틴 S 〈701〉
㊷ 프렌치노트 S 2번 감기 ❸ 〈349〉
㊸ 백 S 〈966〉

실물 크기 자수 도안

See Page 15

작은 블랙홀

수틀 8cm

- 실물 크기 자수 도안은 실제 치수를 사용했습니다.
- 실물 크기 자수 도안의 원은 수틀의 크기입니다. 도안을 옮겨 그릴 때 원을 베낄 필요는 없습니다.
- 〈 〉안의 숫자는 실의 색상 번호입니다.
- ● 안의 숫자는 하나로 겹쳐서 사용하는 실의 가닥수입니다. 지정한 부분 외에는 2가닥으로 수놓습니다.
- S는 스티치의 약자입니다.

재료

▷ 25번사 자수실 … DMC
155, 208, 3805, 959, 3843, 666, 720, 728, 437, 718, 777, 208, 907, 702, 699, 321, 677, 746, 831, 797, 444, 740, 310

▷ 천 … CHECK&STRIPE
리넨 프리마베라 (오프화이트)

① 새틴 S 〈155〉
② 백 S 〈208〉
③ 새틴 S 〈3805〉
④ 새틴 S 〈959〉
⑤ 스트레이트 S 〈3843〉
⑥ 백 S 〈666〉
⑦ 새틴 S 〈720〉
⑧ 새틴 S 〈728〉
⑨ 스트레이트 S ❹ 〈437〉
⑩ 프렌치노트 2번 감기 ❻ 〈718〉
⑪ 아웃라인 S 〈777〉
⑫ 아웃라인 S 〈208〉…
⑬ 아웃라인 S 〈907〉… ●
⑭ 아웃라인 S 〈702〉… ●
⑮ 아웃라인 S 〈699〉… ●
⑯ 새틴 S ❸ 〈321〉
⑰ 새틴 S 〈677〉
⑱ 새틴 S 〈746〉
⑲ 새틴 S 〈437〉
⑳ 프렌치노트 S 2번 감기 〈831〉
㉑ 프렌치노트 S 2번 감기 〈797〉
㉒ 새틴 S 〈444〉
㉓ 새틴 S 〈740〉
㉔ 배경에 새틴 S 〈310〉

실물 크기 자수 도안

See Page 16-17 | 물들지 않아

수틀 12cm

- 실물 크기 자수 도안은 실제 치수를 사용했습니다.
- 실물 크기 자수 도안의 원은 수틀의 크기입니다. 도안을 옮겨 그릴 때 원을 베낄 필요는 없습니다.
- 〈 〉 안의 숫자는 실의 색상 번호입니다.
- ● 안의 숫자는 하나로 겹쳐서 사용하는 실의 가닥수입니다. 지정한 부분 외에는 2가닥으로 수놓습니다.
- S 는 스티치의 약자입니다.

재료

▷ 25번사 자수실 … DMC
310, 797, 796, 720, 733, 3607, 718, 777, 909, 677, 208, 606, 754, 312, 972, 959, 819, 919, 905

▷ 천 … CHECK&STRIPE
리넨 프리마베라 (오프화이트)

▷ 비즈 … TOHO
우드 비즈(R3-6 내추럴) 1 개

실물 크기 자수 도안

① 백 S ❶ 〈310〉
② 새틴 S 〈310〉
③ 프렌치노트 S 2번 감기 ❻ 〈797〉
④ 프렌치노트 S 2번 감기 ❻ 〈796〉
⑤ 새틴 S 〈720〉
⑥ 체인 S 〈733〉
⑦ 스트레이트 S 〈919〉
⑧ 프렌치노트 S 2번 감기 ❸ 〈905〉
⑨ 새틴 S 〈3607〉… ●
⑩ 새틴 S 〈718〉… ●
⑪ 새틴 S 〈777〉
⑫ 새틴 S 〈909〉
⑬ 새틴 S 〈677〉
⑭ 버튼홀 S 〈677〉
⑮ 새틴 S 〈208〉
⑯ 프렌치노트 S 2번 감기 ❸ 〈606〉
⑰ 새틴 S 〈754〉
⑱ 아우트라인 S ❸ 〈312〉
⑲ 새틴 S 〈959〉
⑳ 백 S 〈972〉
㉑ 프렌치노트 S 2번 감기 ❹ 〈819〉
㉒ 우드 비즈 고정용 〈677〉

* ⑮의 스티치
⑭의 버튼홀 스티치 사이에 새틴 스티치를 한다. 새틴 스티치로 채운 버튼홀 스티치의 바늘땀은 바늘 머리(바늘 귀 쪽)를 사용해서 빼낸다. 그때 새틴 스티치는 잡아당기지 않게 주의한다.

* ㉒의 우드 비즈를 고정하는 방법
실을 바늘에 꿰어서 한쪽 끝에 매듭짓는다. 바늘을 천의 지정한 위치(•) 안쪽에서 겉쪽으로 빼서 우드 비즈를 실에 꿴다. (•)에 바늘을 다시 찔러서 두세 번 꿰매 고정한다. 천의 안쪽에서 매듭짓는다.

See Page 16-17 | 작은 풀

수틀 8cm

- 실물 크기 자수 도안은 실제 치수를 사용했습니다.
- 실물 크기 자수 도안의 원은 수틀의 크기입니다. 도안을 옮겨 그릴 때 원을 베낄 필요는 없습니다.
- 〈 〉 안의 숫자는 실의 색상 번호입니다.
- ● 안의 숫자는 하나로 겹쳐서 사용하는 실의 가닥수입니다. 지정한 부분 외에는 2가닥으로 수놓습니다.
- S는 스티치의 약자입니다.

재료
▷ 25번사 자수실 … DMC
　720, 702, 677
▷ 천
　시어 나일론(화이트)
▷ 와이어 … SS MIYUKI studio
　No.28 1줄

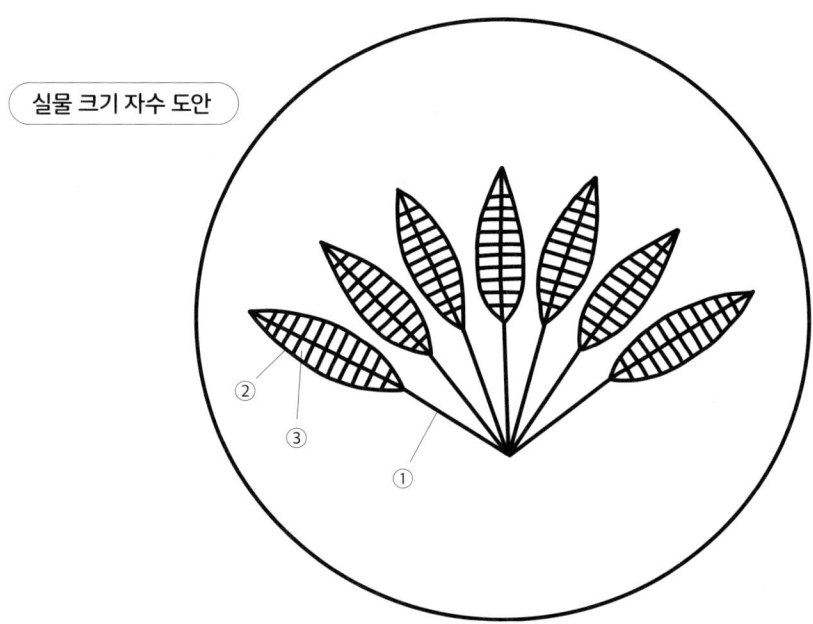

실물 크기 자수 도안

① 감침질 ❶ 〈720〉
② 버튼홀 S 〈702〉
③ 새틴 S 〈677〉

* ①의 스티치
니퍼를 사용해서 와이어를 약 1.7cm×7줄로 자른다 (와이어를 자르는 방법 P.52). 와이어를 도안 위에 올려놓고 감침질해서 고정한다 (와이어를 고정하는 방법 1 P.52).

* ③의 스티치
②의 버튼홀 스티치 사이에 새틴 스티치를 한다. 새틴 스티치로 채운 버튼홀 스티치의 바늘땀은 바늘 머리 (바늘귀 쪽)를 사용해서 빼낸다. 그때 새틴 스티치는 잡아당기지 않게 주의한다.

See Page
18 | 타투 A

수틀
15cm

- 실물 크기 자수 도안은 실제 치수를 사용했습니다.
- 실물 크기 자수 도안의 원은 수틀의 크기입니다. 도안을 옮겨 그릴 때 원을 베낄 필요는 없습니다.
- 지정한 부분 외에는 백 스티치로 수놓습니다.
- 하나로 겹쳐서 사용하는 실의 가닥수는 1가닥입니다.
- S는 스티치의 약자입니다.

재료

▷ 25번사 자수실 … DMC
　310

▷ 천 … CHECK&STRIPE
　리넨 프리마베라 (오프화이트)

실물 크기 자수 도안

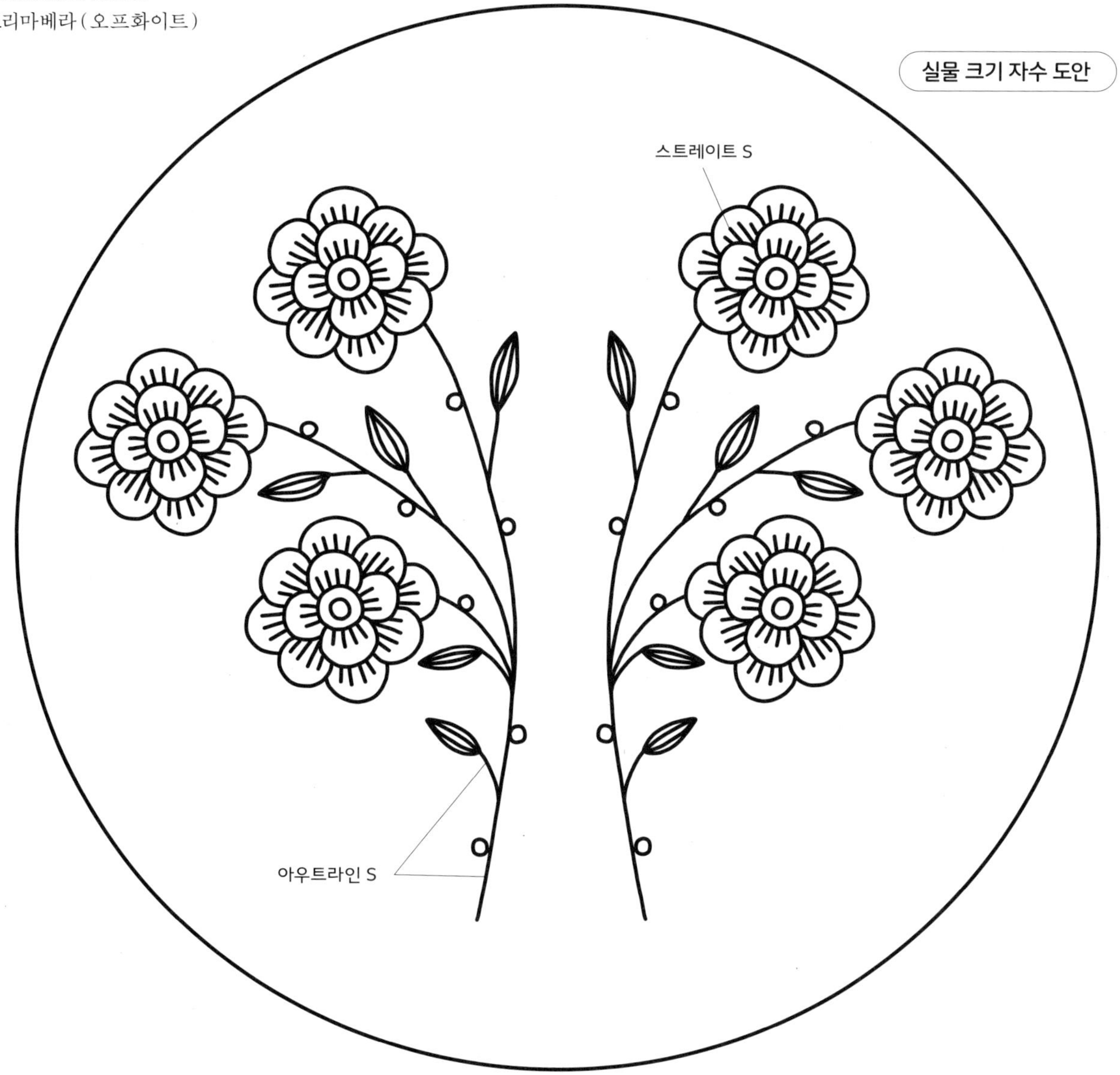

스트레이트 S

아우트라인 S

See Page 19 | 타투 B

수틀 15cm

- 실물 크기 자수 도안은 실제 치수를 사용했습니다.
- 실물 크기 자수 도안의 원은 수틀의 크기입니다. 도안을 옮겨 그릴 때 원을 베낄 필요는 없습니다.
- 〈 〉 안의 숫자는 실의 색상 번호입니다.
- 하나로 겹쳐서 사용하는 실의 가닥수는 1가닥입니다.
- S는 스티치의 약자입니다.

재료
▷ 25번사 자수실 … DMC
321, 666, 606, 817
▷ 천 … CHECK&STRIPE
리넨 프리마베라 (오프화이트)

실물 크기 자수 도안

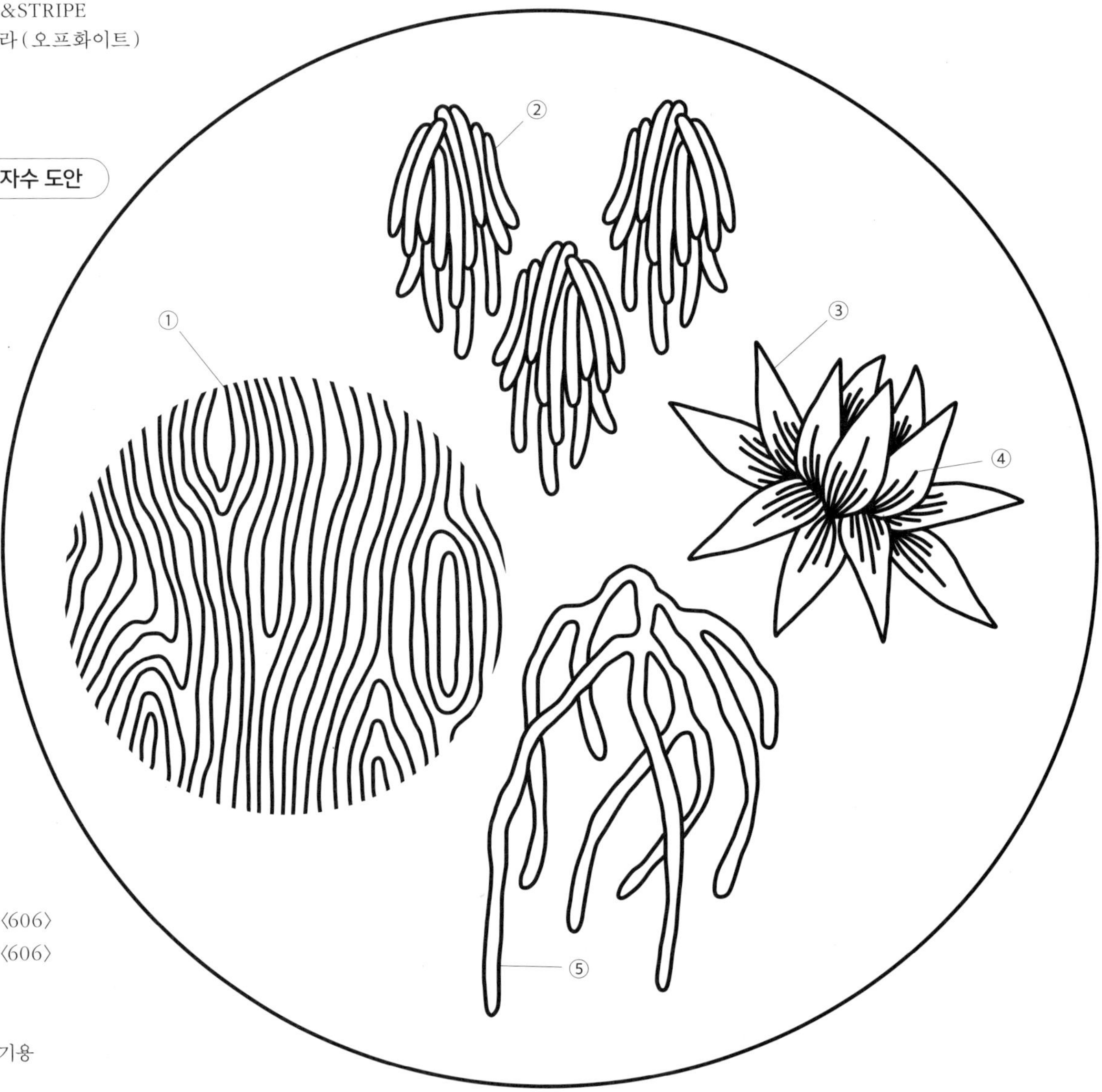

① 백 S 〈321〉
② 백 S 〈666〉
③ 아우트라인 S 〈606〉
④ 스트레이트 S 〈606〉
⑤ 휘프트 백 S
  〈606〉 … 백 S
  〈817〉 … 실 감기용

See Page 20-21 | 작은 꽃

수틀 10cm

- 실물 크기 자수 도안은 실제 치수를 사용했습니다.
- 실물 크기 자수 도안의 원은 수틀의 크기입니다. 도안을 옮겨 그릴 때 원을 베낄 필요는 없습니다.
- 〈 〉 안의 숫자는 실의 색상 번호입니다.
- ● 안의 숫자는 하나로 겹쳐서 사용하는 실의 가닥수입니다. 지정한 부분 외에는 2가닥으로 수놓습니다.
- S는 스티치의 약자입니다.

재료
▷ 25번사 자수실 … DMC
 704, 3770, 746
▷ 천
 CHECK&STRIPE 리넨 프리마베라 (오프화이트) … 토대
 시어 나일론 (화이트) … 작은 꽃
▷ 와이어 … SS MIYUKI studio
 No.30 3줄
▷ 비즈 … TOHO
 쿨트라 펄 (No.201) 원형 3mm 9개

[실물 크기 자수 도안]

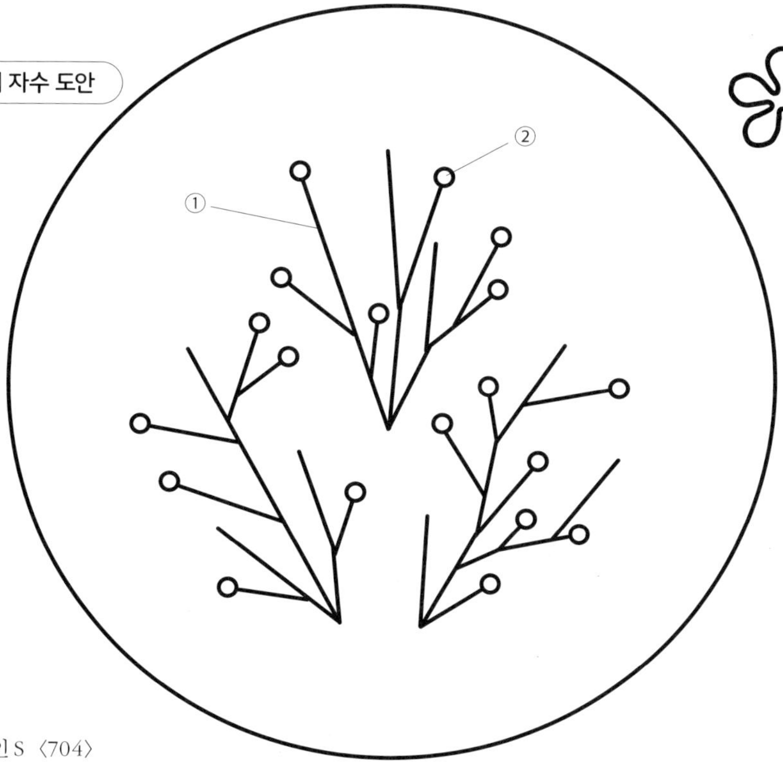

[입체적인 작은 꽃을 다는 위치 그림]

① 아우트라인 S 〈704〉
② 프렌치노트 S 2번 감기 ❹ 〈746〉
③ 감침질 ❶ 〈3770〉

* 그림 속 (•)은 작은 꽃과 펄을 꿰매 다는 위치

* **③의 스티치**
와이어로 입체적인 작은 꽃을 만든다. 니퍼를 사용해서 와이어를 약 10cm×9줄로 자른다. 시어 나일론에 옮겨 그린 도안 위에 와이어를 올려놓고 감침질해서 고정한다 (와이어를 고정하는 방법 3 P.52). 시어 나일론에서 잘라낸 뒤 토대의 지정한 위치에 ③의 실로 꿰매 고정한다 (입체적인 작은 꽃을 고정하는 방법 P.54).

See Page
20-21 | **소나무**

수틀
10cm

- 실물 크기 자수 도안은 실제 치수를 사용했습니다.
- 실물 크기 자수 도안의 원은 수틀의 크기입니다. 도안을 옮겨 그릴 때 원을 베낄 필요는 없습니다.
- 〈 〉안의 숫자는 실의 색상 번호입니다.
- ● 안의 숫자는 하나로 겹쳐서 사용하는 실의 가닥수입니다. 지정한 부분 외에는 2가닥으로 수놓습니다.
- S는 스티치의 약자입니다.

재료
▷ 25번사 자수실 … DMC
906, 606, 3807, B5200, ECRU, 943, 921
▷ 천
시어 나일론(화이트)

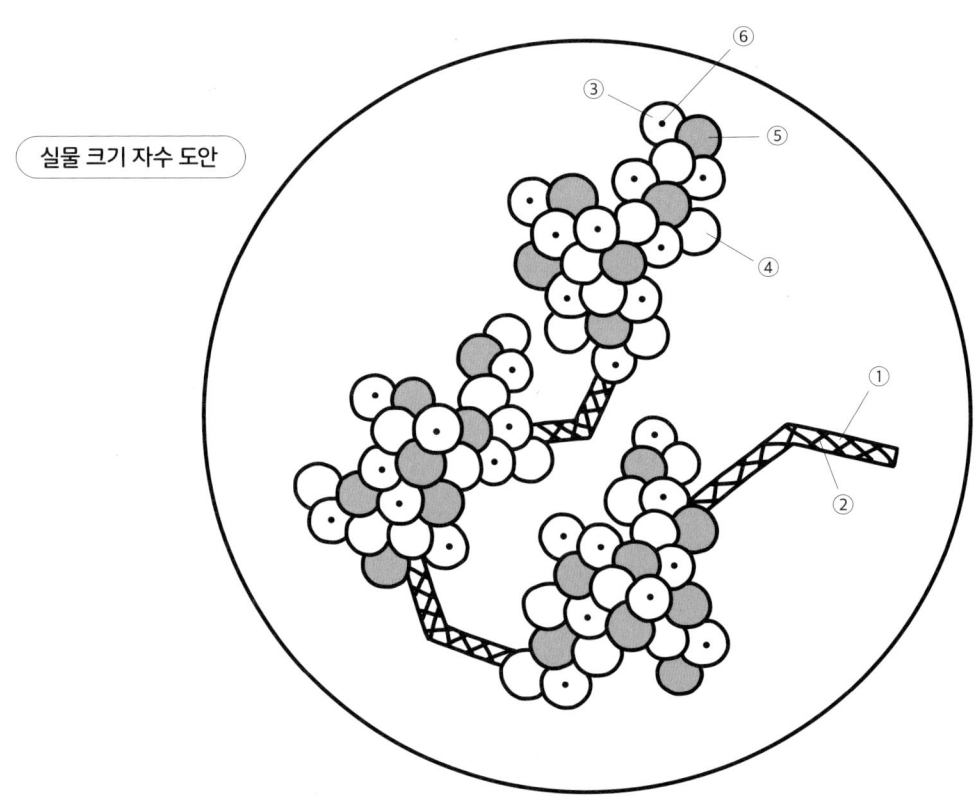

실물 크기 자수 도안

① 새틴 S 〈906〉
② 스레디드 헤링본 S ❸
  〈606〉… 헤링본 S
  〈3807〉… 실 감기용
③ 새틴 S 〈B5200〉
④ 새틴 S 〈ECRU〉
⑤ 새틴 S 〈943〉… ●
⑥ 프렌치노트 S 2번 감기 ❹ 〈921〉

See Page
20-21 | 공조팝나무

- 실물 크기 자수 도안은 실제 치수를 사용했습니다.
- 실물 크기 자수 도안의 원은 수틀의 크기입니다. 도안을 옮겨 그릴 때 원을 베낄 필요는 없습니다.
- 〈 〉 안의 숫자는 실의 색상 번호입니다.
- ● 안의 숫자는 하나로 겹쳐서 사용하는 실의 가닥수입니다. 지정한 부분 외에는 2가닥으로 수놓습니다.
- S는 스티치의 약자입니다.

재료

▷ 25번사 자수실 … DMC
907, 369, ECRU, 927, 973

▷ 천
시어 나일론 (화이트)

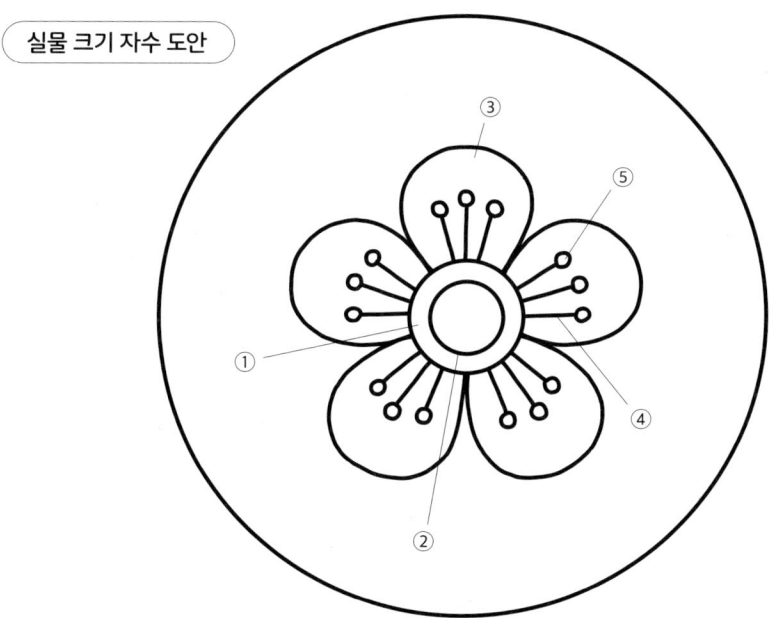

실물 크기 자수 도안

① 새틴 S 〈907〉
② 프렌치노트 S 2번 감기 〈369〉
③ 새틴 S 〈ECRU〉
④ 스트레이트 S 〈927〉
⑤ 프렌치노트 S 2번 감기 ❸ 〈973〉

See Page
22 | 상징

수틀
10cm

- 실물 크기 자수 도안은 실제 치수를 사용했습니다.
- 실물 크기 자수 도안의 원은 수틀의 크기입니다. 도안을 옮겨 그릴 때 원을 베낄 필요는 없습니다.
- 〈 〉 안의 숫자는 실의 색상 번호입니다.
- ● 안의 숫자는 하나로 겹쳐서 사용하는 실의 가닥수입니다. 지정한 부분 외에는 2가닥으로 수놓습니다.
- S는 스티치의 약자입니다.

재료
▷ 25번사 자수실 … DMC
321, 718, 906, 927, 701, 796, 943, 947, 972, 995
▷ 천 … CHECK&STRIPE
리넨 프리마베라 (오프화이트)
▷ 와이어 … SS MIYUKI studio
No.28 1줄

실물 크기 자수 도안

① 롱 앤드 쇼트 S 〈321〉
② 롱 앤드 쇼트 S 〈718〉
③ 새틴 S 〈906〉
④ 감침질 ❶ 〈927〉
⑤ 새틴 S 〈701〉
⑥ 백 S 〈947〉
⑦ 백 S 〈972〉
⑧ 새틴 S 〈995〉
⑨ 새틴 S 〈943〉
⑩ 새틴 S 〈796〉

* ④의 스티치
니퍼를 사용해서 와이어를 약 5cm×1줄 (꽃 윗부분용), 약 2.5cm ×2 줄과 2.6cm×2줄 (꽃 아랫부분용)로 자른다 (와이어를 자르는 방법 P.52). 와이어를 도안 위에 올려놓고 감침질해서 고정한다 (와이어를 고정하는 방법 2 P.52).

See Page
23 꽃 선물

수틀
12cm

- 실물 크기 자수 도안은 실제 치수를 사용했습니다.
- 실물 크기 자수 도안의 원은 수틀의 크기입니다. 도안을 옮겨 그릴 때 원을 베낄 필요는 없습니다.
- 〈 〉 안의 숫자는 실의 색상 번호입니다.
- ● 안의 숫자는 하나로 겹쳐서 사용하는 실의 가닥수입니다. 지정한 부분 외에는 2가닥으로 수놓습니다.
- S는 스티치의 약자입니다.

재료

▷ 25번사 자수실 … DMC
967, 612, 740, 3345, 743, 3845, 966, 16, 796, 701, 3607, 666

▷ 천 … CHECK&STRIPE
리넨 프리마베라 (오프화이트)

실물 크기 자수 도안

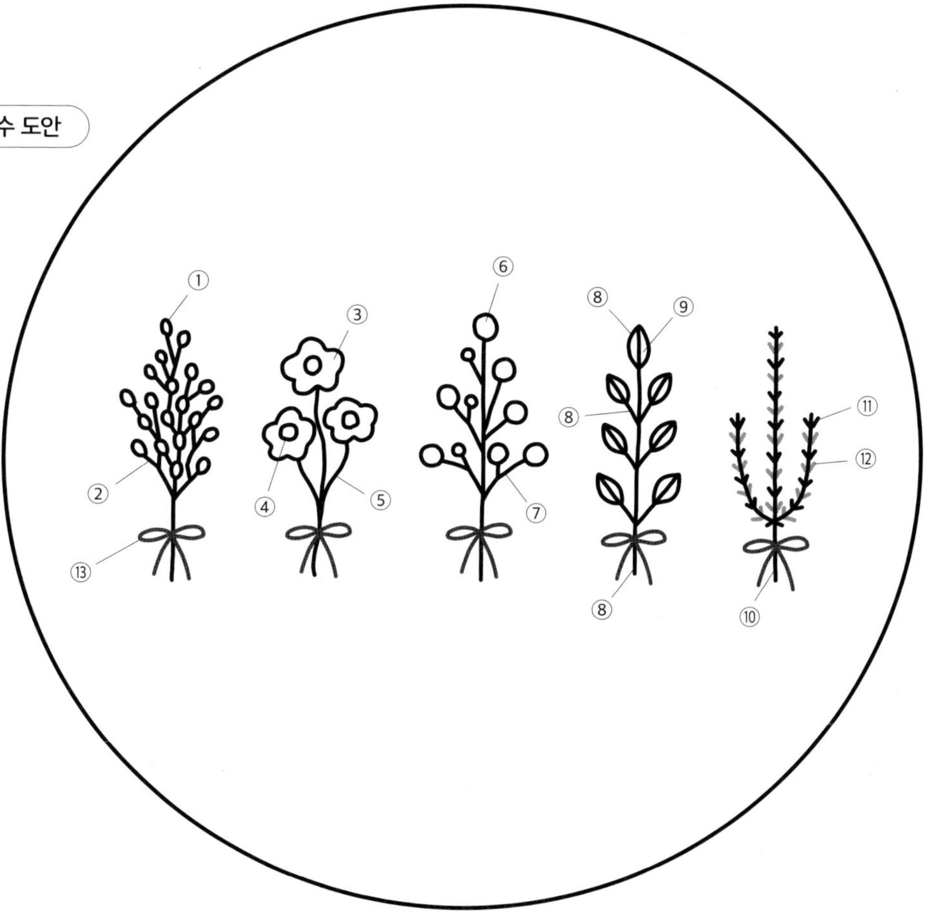

① 새틴 S 〈967〉
② 백 S 〈612〉
③ 새틴 S 〈3845〉
④ 프렌치노트 S 2번 감기 〈743〉
⑤ 체인 S 〈966〉
⑥ 새틴 S 〈740〉
⑦ 아우트라인 S 〈3345〉
⑧ 백 S 〈701〉
⑨ 스트레이트 S 〈3607〉
⑩ 백 S 〈16〉
⑪ 스트레이트 S 〈16〉
⑫ 스트레이트 S 〈796〉…
⑬ 리본 매듭 ❶ 〈666〉…

* ⑬의 리본 매듭을 만드는 방법
길이 10㎝의 실을 바늘에 꿰어 천을 겉쪽에서 한 번 뜬다. 바늘을 실에서 뺀 뒤 천의 겉쪽에서 리본 매듭을 만든다. 실 끝의 균형을 확인해가며 여분은 가위로 자른다. 매듭 부분에는 올풀림 방지액을 바르면 좋다.

See Page 24-25 | 잎새

수틀 18cm

- 실물 크기 자수 도안은 실제 치수를 사용했습니다.
- 실물 크기 자수 도안의 원은 수틀의 크기입니다. 도안을 옮겨 그릴 때 원을 베낄 필요는 없습니다.
- 〈 〉 안의 숫자는 실의 색상 번호입니다.
- ● 안의 숫자는 하나로 겹쳐서 사용하는 실의 가닥수입니다. 지정한 부분 외에는 2가닥으로 수놓습니다.
- S는 스티치의 약자입니다.

재료

▷ 25번사 자수실 … DMC
909, 701, 3345, 906, 437, ECRU, 831, 699, 966, 310, 718, 3607, 3608, 947, 704, 702, 301, 3845, 921, 972, 905, 733, 3808, 612, 680, 500, 796, 746, 919, 3746, 208, 677, 3850, 400, 3805, 3848, 720, 817, 16, 666

▷ 천 … CHECK&STRIPE
리넨 프리마베라 (오프화이트)

▷ 와이어 … SS MIYUKI studio
No.24 1줄

① 새틴 S 〈909〉
② 새틴 S 〈701〉
③ 새틴 S 〈3345〉
④ 새틴 S 〈906〉
⑤ 백 S 〈437〉
⑥ 백 S 〈ECRU〉
⑦ 백 S 〈831〉
⑧ 버튼홀 S ❸ 〈699〉
⑨ 스트레이트 S ❸ 〈699〉
⑩ 새틴 S 〈966〉
⑪ 백 S 〈310〉
⑫ 새틴 S 〈718〉
⑬ 새틴 S 〈3607〉
⑭ 새틴 S 〈3608〉
⑮ 새틴 S 〈947〉
⑯ 새틴 S 〈704〉
⑰ 새틴 S 〈702〉
⑱ 아우트라인 S ❸ 〈301〉
⑲ 백 S 〈701〉
⑳ 백 S 〈3845〉
㉑ 새틴 S 〈921〉
㉒ 새틴 S 〈972〉
㉓ 아우트라인 S 〈905〉
㉔ 감침질 ❶ 〈733〉
㉕ 백 S 〈3808〉
㉖ 새틴 S 〈612〉
㉗ 프렌치노트 S 2번 감기 ❹ 〈680〉
㉘ 감침질 ❶ 〈500〉
㉙ 아우트라인 S 〈500〉
㉚ 아우트라인 S 〈3345〉
㉛ 새틴 S 〈796〉
㉜ 프렌치노트 S 2번 감기 〈746〉
㉝ 새틴 S 〈919〉
㉞ 프렌치노트 S 2번 감기 ❹ 〈718〉
㉟ 백 S 〈3746〉
㊱ 백 S ❸ 〈208〉
㊲ 프렌치노트 S 2번 감기 〈677〉
㊳ 새틴 S 〈3850〉
㊴ 아우트라인 S 〈400〉
㊵ 새틴 S 〈3805〉
㊶ 스트레이트 S ❸ 〈3848〉
㊷ 스레디드 백 S
   〈720〉… 백 S ❸
   〈701〉… 실 감기용
㊸ 백 S ❸ 〈720〉
㊹ 프렌치노트 S 2번 감기 〈437〉
㊺ 새틴 S 〈817〉
㊻ 백 S 〈16〉
㊼ 스트레이트 S 〈666〉

- ⑩의 스티치

⑧의 버튼홀 스티치, ⑨의 스트레이트 스티치 사이에 새틴 스티치를 한다. 새틴 스티치로 채운 버튼홀 스티치와 스트레이트 스티치의 바늘땀은 바늘 머리(바늘귀 쪽)를 사용해서 빼낸다. 그때 새틴 스티치는 잡아당기지 않게 주의한다.

- ㉔와 ㉘의 스티치

니퍼를 사용해서 와이어를 약 2cm×2줄, 약 3.8cm×1줄, 약 9cm×1줄로 자른다 (와이어를 자르는 방법 P.52). ㉔는 약 2cm와 약 3.8cm, ㉘은 9cm의 와이어를 도안 위에 올려놓고 감침질해서 고정한다 (와이어를 고정하는 방법 1 P.52).

실물 크기 자수 도안

See Page
26 | 새싹

수틀
12cm

- 실물 크기 자수 도안은 실제 치수를 사용했습니다.
- 실물 크기 자수 도안의 원은 수틀의 크기입니다. 도안을 옮겨 그릴 때 원을 베낄 필요는 없습니다.
- 〈 〉 안의 숫자는 실의 색상 번호입니다.
- ● 안의 숫자는 하나로 겹쳐서 사용하는 실의 가닥수입니다. 지정한 부분 외에는 1가닥으로 수놓습니다.
- S는 스티치의 약자입니다.

재료

▷ 25번사 자수실 … DMC
　680, 3805

▷ 태피스트리 울 … DMC
　7336, 7344

▷ 천 … CHECK&STRIPE
　리넨 프리마베라(오프화이트)

실물 크기 자수 도안

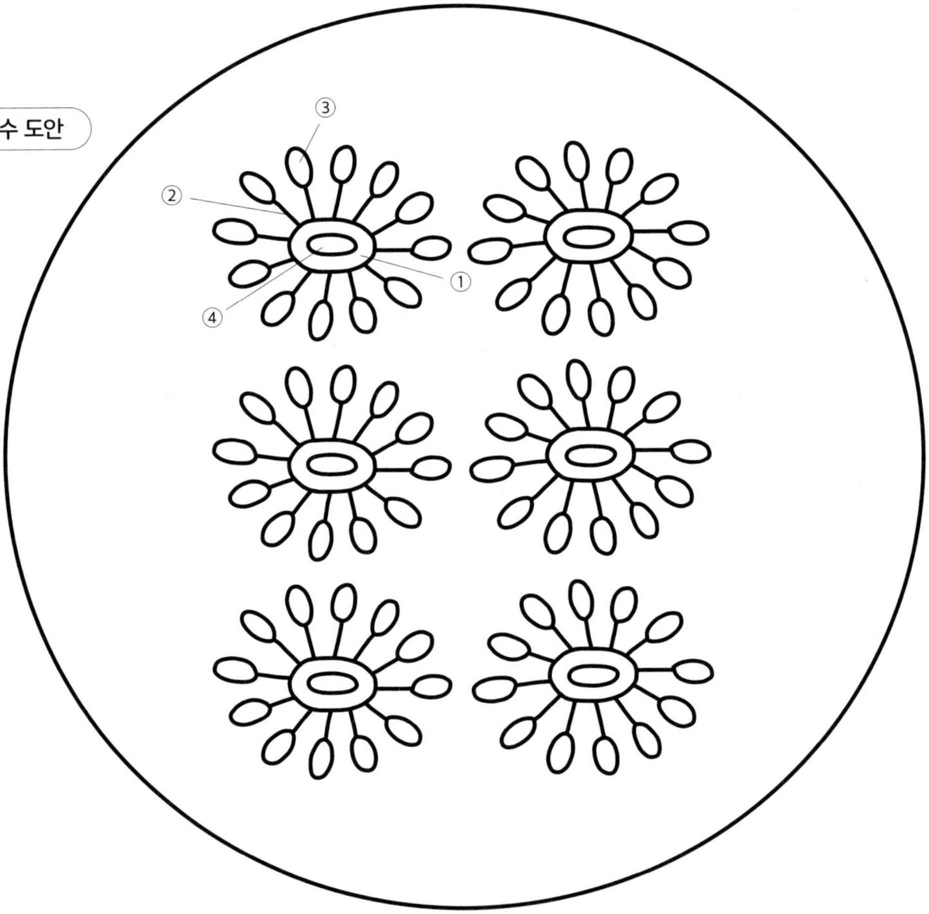

① 새틴 S ❸ 〈680〉
② 스트레이트 S ❹ 〈3805〉
③ 스트레이트 S 2번 〈태피스트리 7336〉
④ 스트레이트 S 2번 〈태피스트리 7344〉

See Page
27 | 장미

수틀
12cm

- 실물 크기 자수 도안은 실제 치수를 사용했습니다.
- 실물 크기 자수 도안의 원은 수틀의 크기입니다. 도안을 옮겨 그릴 때 원을 베낄 필요는 없습니다.
- 〈 〉 안의 숫자는 실의 색상 번호입니다.
- ● 안의 숫자는 하나로 겹쳐서 사용하는 실의 가닥수입니다. 지정한 부분 외에는 2가닥으로 수놓습니다.
- S는 스티치의 약자입니다.

재료

▷ 25번사 자수실 … DMC
746, ECRU, 819, 3771, 921, 321, 796, 612

▷ 5번사 코튼 펄 … DMC
666

▷ 천 … CHECK&STRIPE
리넨 프리마베라(오프화이트)

실물 크기 자수 도안

① 버튼홀 S 〈746〉
② 새틴 S 〈819〉
③ 새틴 S 〈ECRU〉 … ●
④ 새틴 S 〈3771〉
⑤ 아우트라인 S 〈921〉
⑥ 스트레이트 S 〈321〉
⑦ 프렌치노트 S 2번 감기 〈796〉
⑧ 백 S 〈612〉
⑨ 버튼홀 S ❶ 〈코튼 펄 666〉

* ⑨의 스티치
①의 버튼홀 스티치의 테두리에 ⑨의 버튼홀 스티치를 한다(버튼홀 스티치+버튼홀 스티치 P.48).

See Page 28 | 쌍둥이 A

18cm

- 실물 크기 자수 도안은 실제 치수를 사용했습니다.
- 〈 〉 안의 숫자는 실의 색상 번호입니다.
- ● 안의 숫자는 하나로 겹쳐서 사용하는 실의 가닥수입니다. 지정한 부분 외에는 2가닥으로 수놓습니다.
- S는 스티치의 약자입니다.

재료
▷ 25번사 자수실 … DMC
666, 718, 796, 3850, ECRU

▷ 천
시어 나일론(화이트)

① 버튼홀 S 〈666〉
② 프렌치노트 S 2번 감기 ❻ 〈718〉
③ 프렌치노트 S 2번 감기 ❻ 〈796〉
④ 새틴 S 〈796〉 … ●
⑤ 새틴 S 〈3850〉 … ●
⑥ 새틴 S 〈ECRU〉 … ●

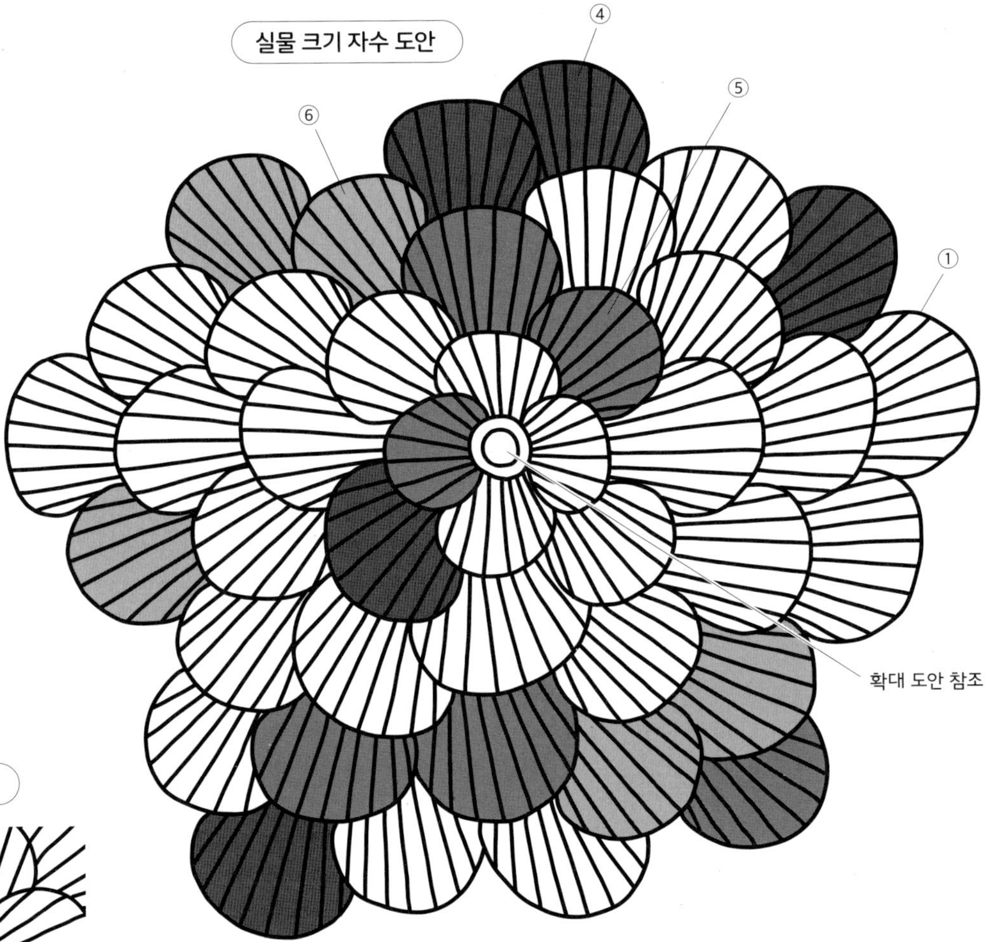

실물 크기 자수 도안

확대 도안 참조

확대 도안

* 먼저 ①의 버튼홀 스티치를 한 뒤 지정한 위치에 ④~⑥의 새틴 스티치를 한다. 새틴 스티치로 채운 버튼홀 스티치의 바늘땀은 바늘 머리(바늘귀 쪽)를 사용해서 빼낸다. 그때 새틴 스티치는 잡아당기지 않게 주의한다.

See Page 29 | 쌍둥이 B

수틀 18cm

- 실물 크기 자수 도안은 실제 치수를 사용했습니다.
- 〈 〉 안의 숫자는 실의 색상 번호입니다.
- ● 안의 숫자는 하나로 겹쳐서 사용하는 실의 가닥수입니다. 지정한 부분 외에는 2가닥으로 수놓습니다.
- S는 스티치의 약자입니다.

재료

▷ 25번사 자수실 … DMC
3845、701、718、907、819、353、208、3607、21、3836、3608、760

▷ 천
시어 나일론(화이트)

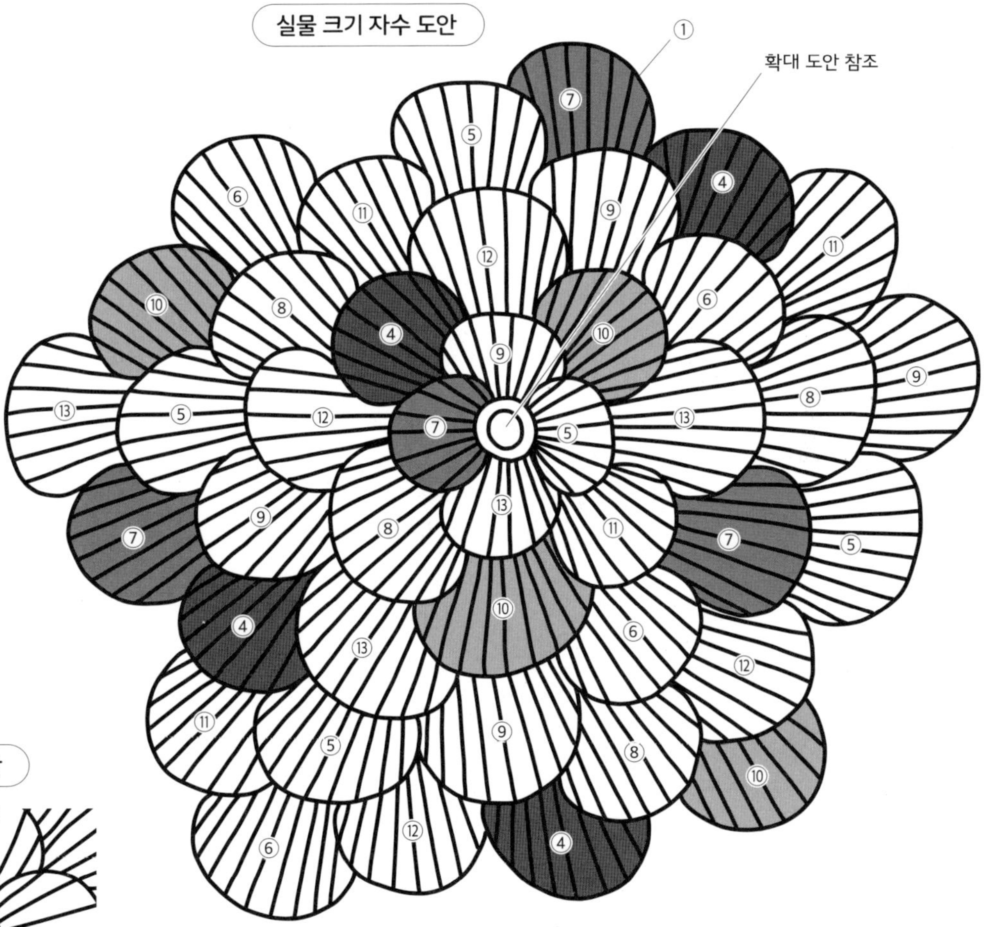

① 버튼홀 S 〈3845〉
② 프렌치노트 S 2번 감기 ❻ 〈701〉
③ 프렌치노트 S 2번 감기 ❻ 〈718〉
④ 새틴 S 〈701〉 … ●
⑤ 새틴 S 〈907〉
⑥ 새틴 S 〈819〉
⑦ 새틴 S 〈353〉 … ●
⑧ 새틴 S 〈208〉
⑨ 새틴 S 〈3607〉
⑩ 새틴 S 〈21〉 … ●
⑪ 새틴 S 〈3836〉
⑫ 새틴 S 〈3608〉
⑬ 새틴 S 〈760〉

실물 크기 자수 도안

확대 도안 참조

확대 도안

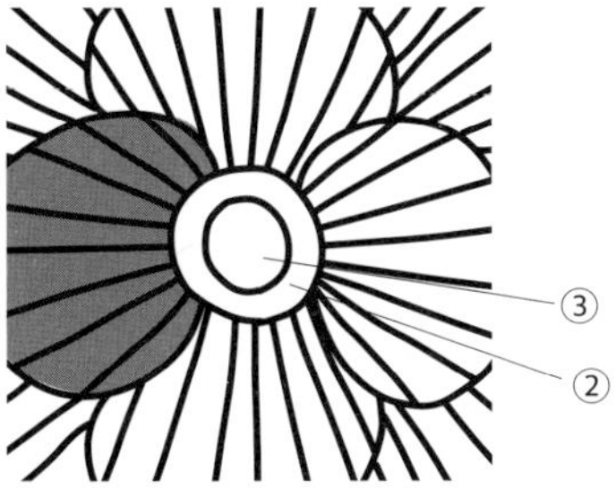

* 먼저 ①의 버튼홀 스티치를 한 뒤 지정한 위치에 ④~⑬의 새틴 스티치를 한다. 새틴 스티치로 채운 버튼홀 스티치의 바늘땀은 바늘 머리(바늘귀 쪽)를 사용해서 빼낸다. 그때 새틴 스티치는 잡아당기지 않게 주의한다.

See Page
30-31 | **혼자여도 괜찮아**

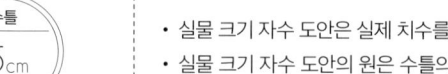

- 실물 크기 자수 도안은 실제 치수를 사용했습니다.
- 실물 크기 자수 도안의 원은 수틀의 크기입니다. 도안을 옮겨 그릴 때 원을 베낄 필요는 없습니다.
- 〈 〉 안의 숫자는 실의 색상 번호입니다.
- 하나로 겹쳐서 사용하는 실의 가닥수는 2가닥입니다.
- S는 스티치의 약자입니다.

재료
▷ 25번사 자수실 … DMC
704, 746, 777, 718, 972, 3608, 605, ECRU, 728, 921, 772, 995, 796, 3846, 740, 612, 718, 3770, 224, 606

▷ 천
시어 나일론(화이트)

① 새틴 S 〈704〉
② 새틴 S 〈746〉
③ 불리온 노트 스티치 10번 감기 〈777〉
④ 백 S 〈777〉
⑤ 새틴 S 〈718〉
⑥ 프렌치노트 S 2번 감기 〈972〉
⑦ 백 S 〈3608〉
⑧ 백 S 〈605〉
⑨ 새틴 S 〈ECRU〉
⑩ 프렌치노트 S 2번 감기 〈728〉
⑪ 롱 앤드 쇼트 S 〈ECRU〉
⑫ 롱 앤드 쇼트 S 〈772〉…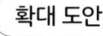
⑬ 새틴 S 〈921〉
⑭ 새틴 S 〈995〉
⑮ 버튼홀 S 〈796〉
⑯ 새틴 S 〈3846〉
⑰ 버튼홀 S 〈740〉
⑱ 새틴 S 〈612〉
⑲ 스트레이트 S 〈718〉
⑳ 프렌치노트 S 2번 감기 〈3770〉
㉑ 새틴 S 〈224〉
㉒ 백 S 〈224〉
㉓ 스트레이트 S 〈606〉

확대 도안

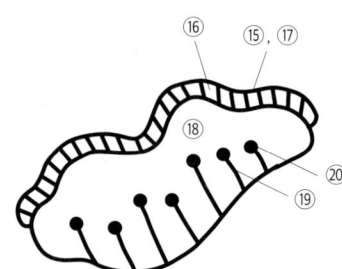

* ⑯의 스티치
⑮의 버튼홀 스티치 사이에 새틴 스티치를 한다. 새틴 스티치로 채운 버튼홀 스티치의 바늘땀은 바늘 머리(바늘귀 쪽)를 사용해서 빼낸다. 그때 새틴 스티치는 잡아당기지 않게 주의한다.

* ⑰의 스티치
⑮의 버튼홀 스티치의 테두리에 버튼홀 스티치를 한다 (버튼홀 스티치+버튼홀 스티치 P.48).

See Page 32 | 너에게 줄게

수틀 18cm

- 실물 크기 자수 도안은 실제 치수를 사용했습니다.
- 〈 〉 안의 숫자는 실의 색상 번호입니다.
- 하나로 겹쳐서 사용하는 실의 가닥수는 2가닥입니다.
- S는 스티치의 약자입니다.

재료
▷ 25번사 자수실 … DMC
310, 743, 777, 349, 701, 907, 906, 699, 3345

▷ 천 … CHECK&STRIPE
리넨 프리마베라 (오프화이트)

실물 크기 자수 도안

① 아우트라인 S 〈310〉
② 프렌치노트 S 2번 감기 〈743〉
③ 새틴 S 〈777〉 … ●
④ 새틴 S 〈349〉
⑤ 백 S 〈701〉
⑥ 백 S 〈907〉
⑦ 백 S 〈906〉 … ◐
⑧ 백 S 〈699〉 … ●
⑨ 백 S 〈3345〉 … ●

See Page
33 | 꽃무릇

수틀
15cm

- 실물 크기 자수 도안은 실제 치수를 사용했습니다.
- 실물 크기 자수 도안의 원은 수틀의 크기입니다. 도안을 옮겨 그릴 때 원을 베낄 필요는 없습니다.
- 〈 〉 안의 숫자는 실의 색상 번호입니다.
- ● 안의 숫자는 하나로 겹쳐서 사용하는 실의 가닥수입니다. 지정한 부분 외에는 2가닥으로 수놓습니다.
- S 는 스티치의 약자입니다.

재료

▷ 25번사 자수실 … DMC
606, 3341, 677, 702, 704, 817

▷ 천
시어 나일론(화이트)

▷ 와이어 … SS MIYUKI studio
No.26 7줄

실물 크기 자수 도안

① 감침질 ❶ 〈606〉
② 백 S ❸ 〈3341〉
③ 새틴 S 〈677〉
④ 새틴 S 〈702〉
⑤ 백 S 〈704〉
⑥ 새틴 S 〈606〉 … ●
⑦ 새틴 S 〈817〉 … ●

＊ ①의 스티치
니퍼를 사용해서 와이어를 약 5cm×7줄로 자른다(와이어를 자르는 방법 P.52). 꽃 7개 분량, 총 49줄을 준비한다. 와이어를 도안 위에 올려놓고 감침질해서 고정한다(와이어를 고정하는 방법 1 P.52).

See Page 34-35 | 신뢰 관계

수틀 15cm

- 실물 크기 자수 도안은 실제 치수를 사용했습니다.
- 실물 크기 자수 도안의 원은 수틀의 크기입니다. 도안을 옮겨 그릴 때 원을 베낄 필요는 없습니다.
- 〈 〉 안의 숫자는 실의 색상 번호입니다.
- ● 안의 숫자는 하나로 겹쳐서 사용하는 실의 가닥수입니다. 지정한 부분 외에는 2가닥으로 수놓습니다.
- S는 스티치의 약자입니다.

재료

▷ 25번사 자수실 … DMC
913, 3770, 666, 796, 677, 967, 3808, 3341, 921, 680, 777, 905, 208, 400, 720, 3848, 11, 437, 740, 907, 162, 3761, 3850, 743, 972, 13, 3805, 959, 612, 437, 831, 3345, 22, 718

▷ 천
시어 나일론 (화이트)

▷ 와이어 … SS MIYUKI studio
No.28 1줄

① 프렌치노트 S 2번 감기 〈3770〉
② 새틴 S 〈913〉
③ 새틴 S 〈666〉
④ 새틴 S 〈796〉
⑤ 새틴 S 〈677〉
⑥ 아우트라인 S 〈967〉
⑦ 새틴 S 〈3808〉
⑧ 새틴 S 〈3341〉
⑨ 프렌치노트 S 2번 감기 〈921〉
⑩ 새틴 S 〈680〉
⑪ 새틴 S 〈777〉
⑫ 새틴 S 〈905〉
⑬ 백 S 〈208〉
⑭ 새틴 S 〈400〉
⑮ 새틴 S 〈720〉
⑯ 새틴 S 〈3848〉
⑰ 프렌치노트 S 2번 감기 ❸ 〈11〉
⑱ 백 S 〈437〉
⑲ 백 S 〈740〉
⑳ 아우트라인 S 〈907〉
㉑ 백 S 〈162〉
㉒ 백 S 〈3761〉
㉓ 새틴 S 〈3850〉
㉔ 스트레이트 S+플라이 S ❸ 〈743〉
㉕ 백 S 〈972〉
㉖ 스트레이트 S 3번 〈972〉
㉗ 롱 앤드 쇼트 S 〈13〉
㉘ 롱 앤드 쇼트 S 〈3805〉
㉙ 새틴 S 〈959〉
㉚ 프렌치노트 S 2번 감기 ❹ 〈612〉
㉛ 새틴 S 〈437〉
㉜ 백 S 〈831〉
㉝ 감침질 ❶ 〈3345〉
㉞ 새틴 S 〈22〉
㉟ 새틴 S 〈718〉

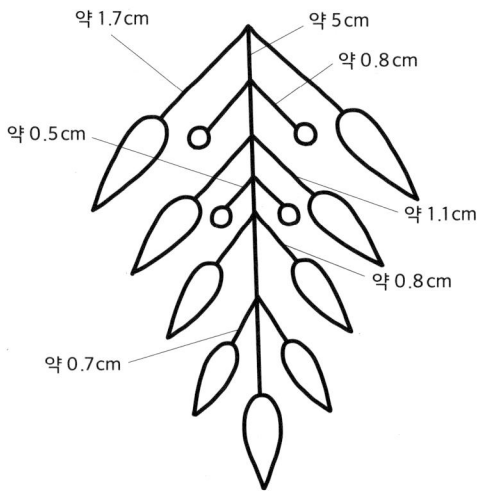

와이어의 길이 지시

약 1.7cm, 약 5cm, 약 0.8cm, 약 0.5cm, 약 1.1cm, 약 0.8cm, 약 0.7cm

* ㉝의 스티치
니퍼를 사용해서 와이어를 약 5cm×1줄, 약 1.7cm×2줄, 약 1.1cm×2줄, 약 0.8cm×4줄, 약 0.7cm×2줄, 약 0.5cm×2줄로 자른다 (와이어를 자르는 방법 P.52). 와이어를 도안 위에 올려놓고 감침질해서 고정한다 (와이어를 고정하는 방법 1 P.52).

실물 크기 자수 도안

See Page 36 | 식사

수틀 12cm

- 실물 크기 자수 도안은 실제 치수를 사용했습니다.
- 실물 크기 자수 도안의 원은 수틀의 크기입니다. 도안을 옮겨 그릴 때 원을 베낄 필요는 없습니다.
- 〈 〉안의 숫자는 실의 색상 번호입니다.
- ● 안의 숫자는 하나로 겹쳐서 사용하는 실의 가닥수입니다. 지정한 부분 외에는 2가닥으로 수놓습니다.
- S는 스티치의 약자입니다.

재료

▷ 25번사 자수실 … DMC
718、3746、701、772、310、444、3843、3838、797、3845、3846、3761、B5200、907、437、740、400、943、733、224、728、349、720、677、972、208、606、906、959、746、796、680、666、3706、3607、967、3608、3770、3805

▷ 천
CHECK&STRIPE 리넨 프리마베라(오프화이트) … 토대
시어 나일론(화이트) … 나비

▷ 와이어 … SS MIYUKI studio
No.26 1줄

① 롱 앤드 쇼트 S 〈718〉
② 롱 앤드 쇼트 S 〈3746〉
③ 백 S 〈701〉
④ 백 S 〈772〉
⑤ 백 S ❶ 〈310〉
⑥ 프렌치노트 S 2번 감기 〈444〉
⑦ 새틴 S 〈3843〉
⑧ 새틴 S 〈3838〉
⑨ 새틴 S 〈797〉… ●
⑩ 새틴 S 〈3845〉
⑪ 새틴 S 〈3846〉
⑫ 새틴 S 〈3761〉
⑬ 스트레이트 S ❶ 〈B5200〉
⑭ 아우트라인 S 〈907〉
⑮ 프렌치노트 S 2번 감기 〈3805〉
⑯ 백 S 〈437〉
⑰ 스트레이트 S + 플라이 S 〈740〉
⑱ 아우트라인 S 〈400〉
⑲ 스트레이트 S 〈400〉
⑳ 새틴 S 〈943〉
㉑ 백 S 〈733〉
㉒ 프렌치노트 S 2번 감기 ❸ 〈224〉
㉓ 새틴 S 〈728〉… ●
㉔ 새틴 S 〈349〉… ●
㉕ 새틴 S 〈720〉… ●
㉖ 아우트라인 S 〈677〉
㉗ 스트레이트 S 〈677〉
㉘ 새틴 S 〈972〉
㉙ 새틴 S 〈208〉
㉚ 새틴 S 〈B5200〉
㉛ 백 S 〈B5200〉
㉜ 새틴 S 〈606〉
㉝ 새틴 S 〈906〉
㉞ 백 S 〈959〉
㉟ 새틴 S 〈746〉
㊱ 새틴 S 〈796〉
㊲ 새틴 S 〈680〉
㊳ 스트레이트 S 2번 〈666〉
㊴ 아우트라인 S 〈3706〉
㊵ 새틴 S 〈967〉
㊶ 새틴 S 〈3607〉
㊷ 프렌치노트 S 2번 감기 ❻ 〈3608〉
㊸ 감침질 ❶ 〈3770〉
㊹ 나비 고정용 〈3770〉

실물 크기 자수 도안

㊸

* ㊸의 스티치
와이어로 입체 나비를 만든다. 시어 나일론에 도안을 옮겨 그린다. 니퍼를 사용해서 와이어를 약 12cm×2줄로 자른다(와이어를 자르는 방법 P.52). 와이어를 도안 위에 올려놓고 감침질해서 고정한다 (와이어를 고정하는 방법 3 P.52). 2개를 만든다. 와이어의 윤곽을 따라 시어 나일론의 여분을 잘라낸 뒤 토대의 원하는 부분에 ㊹의 실로 지정한 위치(★)를 두세 번 꿰매 고정하고 천의 안쪽에서 매듭짓는다. 날개를 가볍게 밀어 올려 입체적으로 만든다.

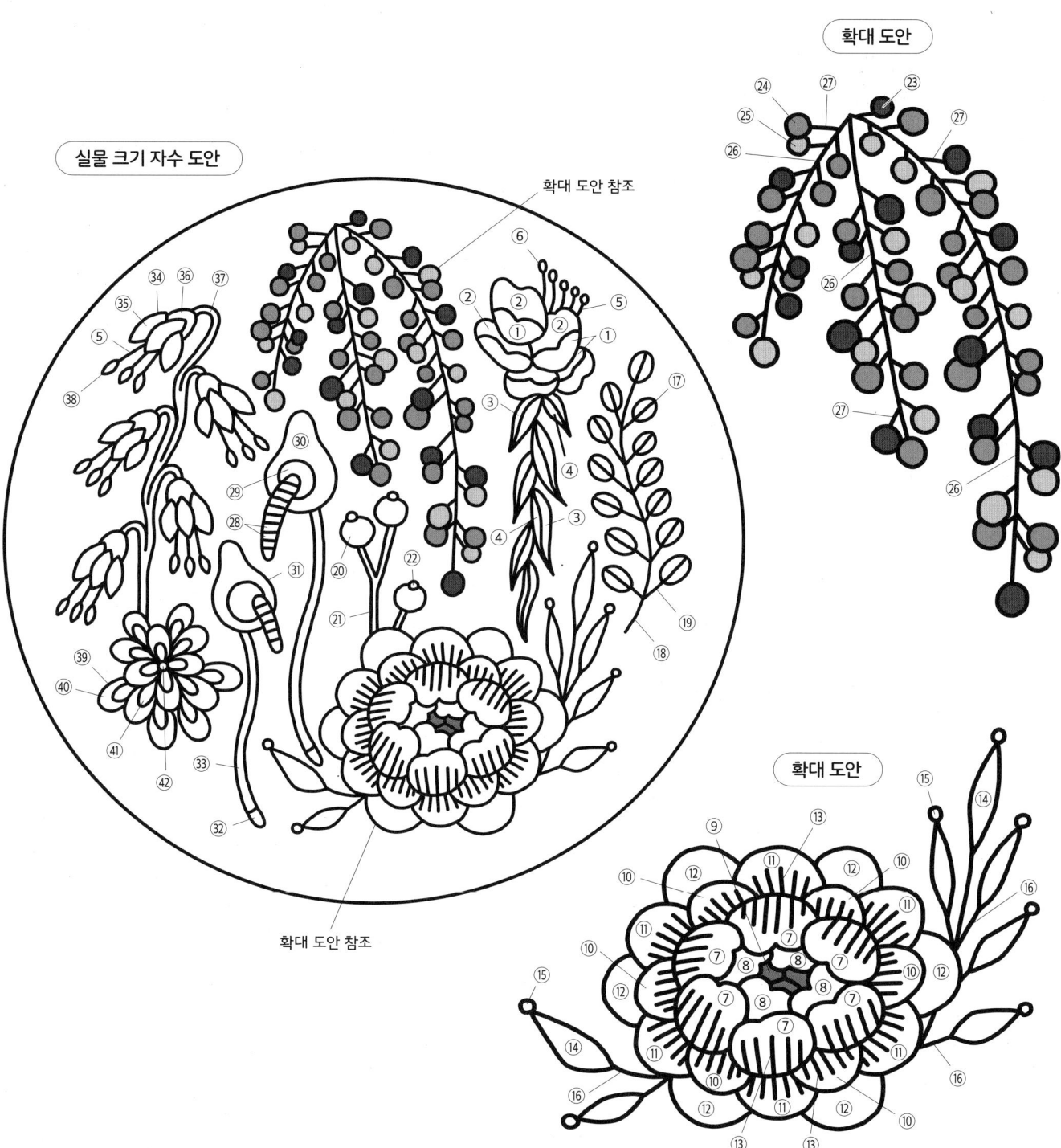

See Page 37 | 공존

수틀 12cm

- 실물 크기 자수 도안은 실제 치수를 사용했습니다.
- 실물 크기 자수 도안의 원은 수틀의 크기입니다. 도안을 옮겨 그릴 때 원을 베낄 필요는 없습니다.
- 〈 〉 안의 숫자는 실의 색상 번호입니다.
- ● 안의 숫자는 하나로 겹쳐서 사용하는 실의 가닥수입니다. 지정한 부분 외에는 2가닥으로 수놓습니다.
- S는 스티치의 약자입니다.

재료

▷ 25번사 자수실 … DMC
921, 677, 909, 817, 437, 919, 312, 972, 831, 943, 680, 20, 3608, 3706, 3761, 301, 444, 733, 777, 612, 3345, 796, 740, 400, 720, 208, 959, 3807

▷ 5번사 코튼 펄 … DMC
666

▷ 태피스트리 울 … DMC
7344, 7037

▷ 천 … CHECK&STRIPE
리넨 프리마베라 (오프화이트)

① 스트레이트 S 2번 ❶ 〈태피스트리 7344〉
② 새틴 S 〈921〉
③ 새틴 S 〈677〉
④ 새틴 S 〈909〉
⑤ 스트레이트 S ❸ 〈817〉
⑥ 스트레이트 S ❶ 〈태피스트리 7037〉… ●
⑦ 백 스티치드 체인 S
  〈437〉… 체인 S
  〈919〉… 백 S
⑧ 롱 앤드 쇼트 S 〈312〉
⑨ 롱 앤드 쇼트 S 〈972〉… ●
⑩ 프렌치노트 S 2번 감기 〈943〉
⑪ 프렌치노트 S 2번 감기 ❸ 〈831〉
⑫ 아우트라인 S 〈680〉
⑬ 새틴 S 〈20〉
⑭ 프렌치노트 S 2번 감기 〈3608〉
⑮ 백 S 〈3706〉
⑯ 휘프트 백 S
  〈코튼 펄 666〉… 백 S ❶
  〈3761〉… 실 감기용
⑰ 새틴 S 〈301〉
⑱ 프렌치노트 S 2번 감기 〈444〉
⑲ 백 S 〈733〉
⑳ 새틴 S 〈777〉
㉑ 새틴 S 〈612〉… ○
㉒ 새틴 S 〈3345〉
㉓ 새틴 S 〈796〉
㉔ 프렌치노트 S 2번 감기 〈740〉
㉕ 아우트라인 S 〈400〉
㉖ 백 S 〈720〉
㉗ 새틴 S 〈208〉
㉘ 새틴 S 〈959〉
㉙ 스트레이트 S 〈3807〉

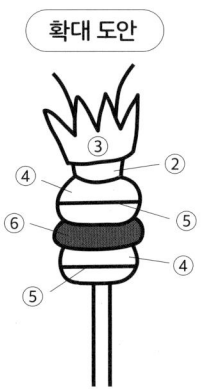
확대 도안

실물 크기 자수 도안

See Page 38

세 가지 보물

수틀
15cm

- 실물 크기 자수 도안은 실제 치수를 사용했습니다.
- 실물 크기 자수 도안의 원은 수틀의 크기입니다. 도안을 옮겨 그릴 때 원을 베낄 필요는 없습니다.
- 〈 〉 안의 숫자는 실의 색상 번호입니다.
- ● 안의 숫자는 하나로 겹쳐서 사용하는 실의 가닥수입니다. 지정한 부분 외에는 2가닥으로 수놓습니다.
- S는 스티치의 약자입니다.

재료

▷ 25번사 자수실 … DMC
677, 740, 208, 3838, 349, 959, 310, 995, 972, 606, 612, 718, 702, 301

▷ 천 … CHECK&STRIPE
리넨 프리마베라 (오프화이트)

실물 크기 자수 도안

① 백 S 〈677〉
② 프렌치노트 S
   2번 감기 〈677〉
③ 새틴 S 〈740〉
④ 새틴 S 〈208〉… ○
⑤ 새틴 S 〈3838〉… ◐
⑥ 새틴 S 〈349〉… ●
⑦ 새틴 S 〈959〉… ●
⑧ 새틴 S 〈310〉
⑨ 새틴 S 〈995〉
⑩ 새틴 S 〈972〉
⑪ 새틴 S 〈606〉
⑫ 스트레이트 S ❶ 〈310〉
⑬ 프렌치노트 S 1번 감기 〈310〉
⑭ 스트레이트 S+플라이 S 〈612〉
⑮ 스레디드 백 S
   〈718〉… 백 S ❸
   〈702〉… 실 감기용
⑯ 프렌치노트 S 2번 감기 ❻ 〈301〉

See Page
39 | 나비

수틀
8cm

- 실물 크기 자수 도안은 실제 치수를 사용했습니다.
- 실물 크기 자수 도안의 원은 수틀의 크기입니다. 도안을 옮겨 그릴 때 원을 베낄 필요는 없습니다.
- 〈 〉 안의 숫자는 실의 색상 번호입니다.
- ● 안의 숫자는 하나로 겹쳐서 사용하는 실의 가닥수입니다. 지정한 부분 외에는 2가닥으로 수놓습니다.
- S는 스티치의 약자입니다.

재료
▷ 25번사 자수실 … DMC
959, 718, 321, 754, 01, 20, 701

▷ 천
시어 나일론
(옐로) … 나비
(화이트) … 토대

▷ 와이어 … SS MIYUKI studio
No.26 1줄

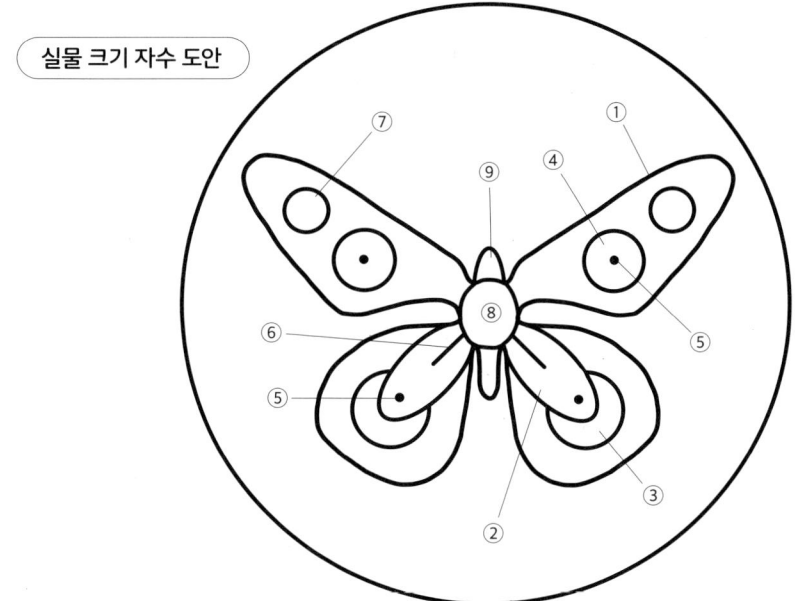

실물 크기 자수 도안

① 감침질 ❶ 〈959〉
② 백 S 〈718〉
③ 새틴 S 〈20〉
④ 새틴 S 〈321〉
⑤ 프렌치노트 S 2번 감기 ❸ 〈701〉
⑥ 스트레이트 S ❹ 〈959〉
⑦ 프렌치노트 S 2번 감기 〈01〉
⑧ 프렌치노트 S 2번 감기 ❸ 〈754〉
⑨ 새틴 S 〈959〉

* ①의 스티치
와이어로 입체 나비를 만든다. 시어 나일론(옐로)에 도안을 옮겨 그린다. 와이어를 도안 위에 올려놓고 감침질해서 고정한 뒤 ②~⑧로 수놓는다. 와이어의 윤곽을 따라 시어 나일론의 여분을 잘라낸 뒤 토대의 시어 나일론(화이트) 위에 올려놓고 ⑨의 스티치로 고정한다(와이어를 고정하는 방법 3 P.52).

See Page 40-41 | 끝판왕

수틀 18cm

- 실물 크기 자수 도안은 실제 치수를 사용했습니다.
- 실물 크기 자수 도안의 원은 수틀의 크기입니다. 도안을 옮겨 그릴 때 원을 베낄 필요는 없습니다.
- 〈 〉 안의 숫자는 실의 색상 번호입니다.
- ● 안의 숫자는 하나로 겹쳐서 사용하는 실의 가닥수입니다. 지정한 부분 외에는 2가닥으로 수놓습니다.
- S는 스티치의 약자입니다.

재료

▷ 25번사 자수실 … DMC
310, 666, 701, 208, 718, 26, 301, ECRU, 12, 677, 906, 3345, 905, 3808, 3848, 321, 921, 437, 919, 746, 796, 972, 3805, 20, 966, 3838, 831, 721, 702, 3746, 400, 797, B5200, 606, 995, 3341, 704, 224, 777, 3771, 22, 356, 223, 517, 720, 943, 728, 3607, 907, 733, 612, 169

▷ 태피스트리 울 … DMC
ECRU, 7336

▷ 천 … CHECK&STRIPE
리넨 프리마베라 (오프화이트)

▷ 비즈 … TOHO
우드 비즈
(R3-6 내추럴) 3개
(R10-6 내추럴) 1개
(R8-6 내추럴) 6개

① 백 S 〈310〉
② 새틴 S 〈666〉
③ 새틴 S 〈701〉
④ 백 S 〈208〉
⑤ 새틴 S 〈718〉
⑥ 새틴 S 〈26〉
⑦ 새틴 S 〈301〉
⑧ 프렌치노트 S 2번 감기 〈ECRU〉
⑨ 새틴 S 〈12〉
⑩ 새틴 S 〈677〉
⑪ 버튼홀 S ❶ 〈태피스트리 ECRU〉
⑫ 새틴 S 〈906〉
⑬ 새틴 S 〈3345〉
⑭ 새틴 S 〈905〉
⑮ 아우트라인 S 〈3808〉
⑯ 새틴 S 〈3848〉
⑰ 새틴 S 〈321〉
⑱ 스트레이트 S ❶ 〈310〉
⑲ 우드 비즈 고정용 〈ECRU〉

⑳ 백 S 〈921〉
㉑ 새틴 S 〈437〉
㉒ 아우트라인 S 〈919〉
㉓ 새틴 S 〈746〉
㉔ 스트레이트 S ❶ 〈796〉
㉕ 스트레이트 S ❶ 2번 〈태피스트리 7336〉
㉖ 새틴 S 〈972〉
㉗ 새틴 S 〈3805〉
㉘ 프렌치노트 S 2번 감기 〈20〉
㉙ 새틴 S 〈966〉
㉚ 스트레이트 S 〈3838〉
㉛ 백 S 〈831〉
㉜ 새틴 S 〈721〉
㉝ 백 S ❸ 〈702〉
㉞ 프렌치노트 S 2번 감기 ❻ 〈3746〉
㉟ 새틴 S 〈400〉
㊱ 스트레이트 S 〈797〉
㊲ 프렌치노트 S 2번 감기 〈B5200〉
㊳ 우드 비즈 감기용 〈606〉

㊴ 아우트라인 S 〈995〉
㊵ 백 S 〈3341〉
㊶ 새틴 S 〈704〉
㊷ 백 S 〈224〉
㊸ 새틴 S 〈777〉
㊹ 새틴 S 〈3771〉 … ●
㊺ 새틴 S 〈22〉 … ●
㊻ 새틴 S 〈356〉 … ●
㊼ 새틴 S 〈223〉 … ○
㊽ 새틴 S 〈517〉
㊾ 새틴 S 〈720〉
㊿ 버튼홀 S 〈943〉
㊾ 새틴 S 〈B5200〉
㊾ 백 S 〈728〉
㊾ 프렌치노트 S 2번 감기 ❸ 〈3607〉
㊾ 새틴 S ❸ 〈907〉
㊾ 아우트라인 S 〈733〉
㊾ 우드 비즈 고정용 〈612〉
㊾ 배경에 새틴 S 〈169〉

* ⑲의 우드 비즈를 고정하는 방법
실을 바늘에 꿰서 한쪽 끝에 매듭짓는다. 바늘을 천의 지정한 위치(•) 안쪽에서 겉쪽으로 빼서 우드 비즈(R3-6) 1개를 실에 꿴다. (•)에 바늘을 다시 찔러서 두세 번 꿰매 고정한다. 천의 안쪽에서 매듭짓는다. 나머지 2개도 같은 방법으로 고정한다.

* ㊳과 ㊾의 우드 비즈에 실을 감는 방법
만드는 방법 P.54를 참조해서 ㊳(R10-6), ㊾(R8-6)의 우드 비즈에 지정한 실을 감는다. 천의 지정한 위치(•)에 두세 번 꿰매 고정한다. 천의 안쪽에서 매듭짓는다.

* ㊾의 스티치
㊿의 버튼홀 스티치 사이에 새틴 스티치를 한다. 새틴 스티치로 채운 버튼홀 스티치의 바늘땀은 바늘 머리(바늘귀 쪽)를 사용해서 빼낸다. 그때 새틴 스티치는 잡아당기지 않게 주의한다.

실물 크기 자수 도안

95

재료 제공

DMC www.dmc.com
CHECK&STIPE checkandstripe.com
글로버 clover.co.jp
도호 주식회사 www.toho-beads.co.jp
SS MIYUKI studio ss-miyuki.com

일본어판 스태프

디자인 이케다 가나코
촬영 스케가와 겐이치
디지털 도안 제작 와타나베 리리카(Pear Fields)
교열 무카이 마사코
편집 무카이야마 하루카, 오사와 요코(분카출판국)
발행인 하마다 카츠히로

고운 빛깔
극채색 꽃 자수

초판 1쇄 인쇄 2022년 12월 30일
초판 1쇄 발행 2023년 1월 10일

지은이 미리키
옮긴이 박재영
펴낸이 정용수

편집장 김민정 **편집** 조혜린
디자인 김민지
영업·마케팅 김상연 정경민
제작 김동명 **관리** 윤지연

펴낸곳 ㈜예문아카이브
출판등록 2016년 8월 8일 제2016-000240호
주소 서울시 마포구 동교로18길 10 2층
문의전화 02-2038-3372 **주문전화** 031-955-0550 **팩스** 031-955-0660
이메일 archive.rights@gmail.com **홈페이지** ymarchive.com
인스타그램 yeamoon.arv

한국어판 출판권 ⓒ 예문아카이브, 2023
ISBN 979-11-6386-149-2 (13630)

㈜예문아카이브는 도서출판 예문사의 단행본 전문 출판 자회사입니다.
널리 이롭고 가치 있는 지식을 기록하겠습니다.
저작권법에 의하여 한국 내에서 보호를 받는 저작물이므로 무단 전재 및 복제를 금합니다.
이 책 내용의 전부 또는 일부를 이용하려면 반드시 저작권자와 ㈜예문아카이브의 서면 동의를 받아야 합니다.

◦ 책값은 뒤표지에 있습니다. 잘못 만들어진 책은 구입하신 곳에서 바꿔드립니다.
◦ 이 책에서 소개하는 모든 작품 혹은 일부를 상품화, 복제 배포 및 콩쿨 등의 응모 작품으로 출품하는 것을 금지합니다.